ZERO
CONSULTING
零牌顾问机构　零牌管理书系②

行知世界

微案例·全球卓越经营管理实践（一）

怀海涛　赵雅君◎主编

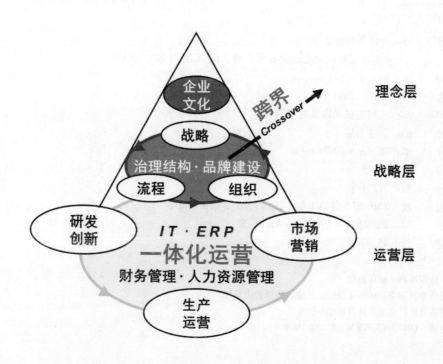

经济管理出版社
ECONOMY & MANAGEMENT PUBLISHING HOUSE

图书在版编目（CIP）数据

行知世界/怀海涛，赵雅君主编 . —北京：经济管理出版社，2016.4

ISBN 978 - 7 - 5096 - 4310 - 5

Ⅰ. ①行…　Ⅱ. ①怀…②赵…　Ⅲ. ①企业经营管理—研究　Ⅳ. ①F270

中国版本图书馆 CIP 数据核字（2016）第 056835 号

组稿编辑：张　艳
责任编辑：张　艳　丁慧敏
责任印制：黄章平
责任校对：王　淼

出版发行：经济管理出版社
　　　　　（北京市海淀区北蜂窝 8 号中雅大厦 A 座 11 层　100038）
网　　址：www. E - mp. com. cn
电　　话：(010) 51915602
印　　刷：三河市延风印装有限公司
经　　销：新华书店
开　　本：787mm×1092mm/16
印　　张：16. 75
字　　数：277 千字
版　　次：2016 年 5 月第 1 版　2016 年 5 月第 1 次印刷
书　　号：ISBN 978 - 7 - 5096 - 4310 - 5
定　　价：45. 00 元

零牌管理书系编辑委员会

零牌管理书系 2015 年书目

总　序

水样组织，一体化运营

为朋友救场的一堂"企业物流管理实务"课程，直接导致一个中国新锐咨询机构的诞生。

从2001年4月8日第一次正式向客户提交项目方案，零牌顾问机构至今创立14周年。回顾14年的发展历程，零牌顾问机构经历了组建工作室（零牌专家组）、知识产品开发、成立公司（广州零牌企业管理顾问有限公司）、品牌再造和全面业务拓展等多个阶段，品牌建设一直贯穿其中。

2005年9月，作为零牌顾问机构创始人，初露头角的我进入华南理工大学工商管理学院兼职任教，承担《生产运营管理》教学工作；2009年5月，被聘为中山大学高等继续教育学院兼职教授，主讲《组织行为学》。十年大学工商管理教育的历练，极大地拉动了零牌顾问机构的理论体系建设，2010年起，零牌顾问机构的专家团队已经常态化地在华南理工大学和中山大学的讲台上为中国产业发展服务。

如今，零牌顾问机构已经是国内有一定知名度的培训咨询机构，成为中国管理咨询行业独具特色的顾问公司：聚焦企业一体化运营研究（见图1），咨询业务通过项目拉动企业变革，培训课程帮助企业补充微量元素，全球跨界学习激发企业创新灵感、助力企业突破发展瓶颈，零牌木元塾则为中国培养具有国际化视野和经营能力的新锐企业家。

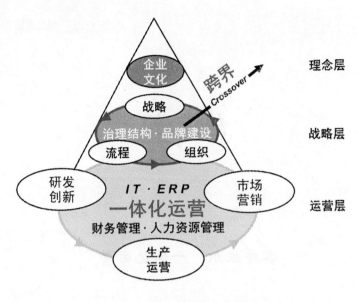

图1　企业一体化运营大地图

资料来源：ZERO Consulting 零牌顾问机构。

14 年来，零牌顾问机构原创性地开发和建设了拥有自主知识产权的知识库，包括技术地图库、课程提纲库、讲义库、练习库、案例库、音像案例库、项目案例库、调查问卷库、试题库、原创文章库、管理书系和音像课程库等。

零牌知识库是零牌专家团队与全球前沿思想和中国本土实践一体化互动的结晶，其开发过程逐步形成了零牌顾问机构的技术创新特色。14 年来，零牌顾问机构从以现场为中心的精益生产逐步拓展到制造人力资源、销研产一体化，从接受华南理工大学工商管理学院关于先进制造技术（AMT）和先进制造业（AMI）的研究，逐步拓展到组织变革、企业顶层设计（见图2）、世界级制造（WCM）和工业4.0。

不论研究领域如何演变，零牌顾问机构始终以一体化运营为内核，从营销、研发和生产一体化，到战略、流程和组织一体化，再到理念层、战略层和运营层一体化，14 年来，零牌顾问机构与时俱进，取得了一系列理论创新成果，"水样组织"、"一体化运营"、"跨界工作机制"、"人才盘点"、降成本作战大地图（见图3）……这些读来新鲜的工商管理词汇并非浮云，而是切实指导零牌顾问机构推动企业组织蜕变、强化国际竞争力、构建组织DNA的理论武器。

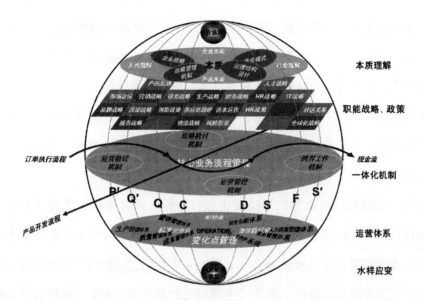

图2　企业顶层设计大地图

资料来源：ZERO Consulting 零牌顾问机构。

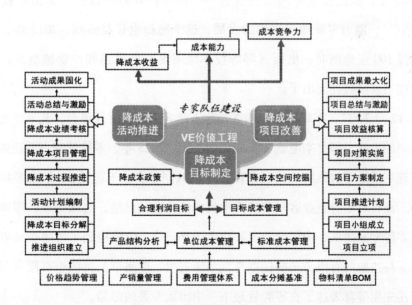

图3　企业降成本作战大地图

资料来源：ZERO Consulting 零牌顾问机构。

正是因为理论体系的创新支持，零牌顾问机构在市场竞争中独树一帜，业务领域从培训、咨询、全球跨界学习到经营塾（零牌木元塾），客户群体不断扩大，从五百强外资企业、民营企业、上市公司到创业型企业，客户生命周期连续创新高。2013年开始，业务常年处于饱和状态，零牌课堂也从中国拓展到日本、美国和德国等。

为了更好地助力中国企业产业报国，零牌顾问机构的知识产品从课程、辅导拓展到管理书籍、音像课程，与客户的互动方式也从单一的课堂和现场，增加了网站、微信、QQ、电话和邮件等。

2005年起，零牌顾问机构与广东经济出版社合作，陆续推出了零牌管理丛书；2011年起，应中国台湾咨询培训界前辈林荣瑞老先生之约，零牌顾问机构的若干本专著被纳入厦门大学福友现代实用企管书系；2012年，应北京中智信达总经理王建敏女士之约，零牌顾问机构在中国工商联合出版社出版了《中国制造的世界级战略》。零牌管理书籍出版发行后受到广大企业界读者的好评，印数屡创新高，图书陆续再版。

早在2003年，担任首席顾问的我就有一个愿望：有朝一日在一家出版社全面出版"零牌管理书系"，随着零牌顾问机构的发展，这个愿望也日益强烈。2013年，当零牌技术地图库达到100张地图时，出版《零牌技术地图集》的灵感和冲动被激发，我突然发现，零牌管理书系该破壳而出了。

2014年12月31日，零牌顾问机构在福建下洋客家围屋召开年会，北京华夏智库文化传播有限公司的王欣老师打来电话，我们毅然决定：2015年，零牌管理书系正式起航。

零牌管理书系是零牌顾问机构和中国企业的共同平台，不但是14年来零牌知识体系建设的结晶，而且有零牌企业客户和优秀学员的经验实践总结，也就是说，零牌管理书系的作者包括零牌专家团队、中国企业家和企业干部。这一定位得到了诸多企业界朋友的热烈响应，泰豪科技股份有限公司前任副总裁刘璋先生、广州市汇奥机电有限公司董事长兼总经理周祖岳先生等都表达了在零牌管理书系中出版专著的愿望。

感怀于14年来国内企业界对零牌顾问机构的信任和支持，投身国家产业转型和企业蜕变的时代洪流，零牌顾问机构希望以零牌管理书系作为另一种途径，与中国企业互动，与中国企业家互动，与广大干部员工互动，与企业经营管理实践互动。

在零牌管理书系面世之际，我们衷心感谢 14 年来关心支持零牌顾问机构的广大客户和学员，特别要感谢全国知名培训师万宗平老师，华南理工大学许晓霞、谢菠兰老师，中山大学韦小妹、刘正生老师，松下电器（中国）前总裁木元哲导师，北京航空航天大学欧阳桃花教授等。

在这里，作为创始人和首席顾问，我还要特别感谢至今还奋斗在零牌顾问机构服务一线的创始员工刁爱萍、赵雅君、怀海涛和梁莹老师，特别感谢曾经为零牌发展做出贡献的聂琳、李宏迎、简建民、黄辉强、谢铨、杨彬誉、袁文、陈汉波、宁静和李煜等老师，特别感谢方行国际董事长吴培华老师、日本松下电器安本刚基先生、日本一桥大学中国交流中心志波干雄教授、日本金桥商务社长杨金峰女士和日本万达旅运社社长西内路子女士等事业伙伴。

零牌管理书系的孕育和诞生，也得到了中国出版界张晓兰老师、沙林琳老师、刘颖老师和冯巩辛老师等的关怀和帮助，在此一并感谢。期待零牌管理书系结合零牌顾问机构的培训、咨询、全球跨界学习和零牌经营塾业务，开创零牌团队产业报国的新篇章。

零牌顾问机构首席顾问　祖　林

序

放眼全球　胸怀天下

零牌足迹遍全球，思考眼光看天下。14 年来，零牌顾问机构抱持产业报国之志，与中国企业实践互动，不但创造了诸多成功企业项目，也撰写了诸多优秀实践案例，零牌原创文章从《现代班组》专栏起步，到《调查与研究》、《商初》和《中外管理》等媒体文章，温情脉脉、其心可鉴。

2006 年底，首席顾问祖林老师被聘为刚刚创刊的《现代班组》杂志社编辑指导委员会专家成员，2007 年 1 月，零牌顾问机构开始在《现代班组》开设专栏，应邀发表国内外企业在班组管理方面的案例文章。

2008 年 4 月，祖林老师随华南理工大学工商管理学院企业家代表团赴日本游学，因为临时工作需要，首次担任了海外学习的课程导师，承蒙方行国际董事长吴培华先生抬爱，开启了零牌顾问机构的海外教学。至今，零牌顾问机构 CLP 全球跨界学习已经涉足美国、德国、瑞士、日本和韩国等多个国家，也是从那时候起，《现代班组》的应慧娟老师开始向零牌顾问机构约稿，开设域外瞭望专栏，发表国外企业卓越经营实践的案例文章。

2008 年 12 月，祖林老师在广东省企业联合会《调查与研究》上发表《全面涨势环境中的工厂出路》；2013 年 8 月，零牌顾问机构创办内刊《达人论道》，开始专题性地分享原创系列文章；2014 年 7 月，祖林老师应北京乐知信达图书有限公司之约在《商初》杂志发表文章《从顺丰"嘿客"看 21 世纪跨界创新》。

2015 年 7 月，零牌顾问机构创办零牌木元塾塾刊《元》，定期将零牌木元塾的塾学专题整理成原创系列文章，受到塾友和广大企业家及职业经理人等读者的好评，并得到《中外管理》和《现代班组》杂志社的选用，部分文章被公开发表。

至今，零牌顾问机构已经在上述杂志、内刊和项目资料中陆续发表文章百余篇、数十万字，涉及企业战略管理、组织变革、品牌管理、市场营销、跨界创新、世界级制造和人力资源开发等方面，实践案例来自美国、德国、日本和中国本土企业的经营现场，零牌案例文章以来自一线、短小精悍、图文并茂、数字翔实和可借鉴性强等特点，受到读者们的喜爱。2015 年 1 月，零牌原创知识库在技术地图库、课程提纲库、讲义库、练习库、案例库、音像案例库、项目案例库、调查问卷库、试题库、管理书系和音像课程库的基础上，新增了原创文章库。

正所谓"他山之石，可以攻玉"，零牌顾问机构用案例文章这样一种形式，与大学 MBA 教学、实战培训、全球跨界学习和零牌木元塾形成很好的互补，在更广大范围内与中国企业、企业家和职业经理人互动。

现在，写文章已经是零牌顾问机构所有员工的常态化工作，从首席顾问到服务专员，从一线管理到企业战略，零牌原创文章的发表历程，从另外一个角度见证了零牌顾问机构的成长。赵雅君老师撰写的《德国企业的小镇情怀》，梁莹老师撰写的《求证日本小微企业的品牌经营》，简惠宽老师撰写的《置身日本企业的体验式营销》，祖林老师撰写的《以色列：战争环境中的企业经营》、张帆老师撰写的《载歌服饰的员工幸福感管理》……从一个个吸引人眼球的标题就可以感知，零牌文章都是大家的用心之作。班组自由组合，从产品工厂到人才工厂、宝马工厂折射德国工业 4.0……这些来自全球企业实践的卓越案例，让人视野大开、豁然可鉴。

2015 年，在规划零牌管理书系时我们就有一个愿望：把在不同时间和各个刊物发表的零牌原创文章结集出版，让独立成文的零牌文章形成一个整体，更好地在全球的高度上为中国企业实践提供借鉴。

如今，这个愿望马上就要实现，零牌顾问机构原创案例文章以《微案例·全球卓越经营管理实践系列丛书》的形式结集出版，第一辑《行知世界》和第二辑《践行中国》已然成型、即将付印，一篇篇来自经营一线的同仁文章，使得一个个鲜活的现实案例跃然纸上。

汇编成册的《行知世界》和《践行中国》，结构完整、案例翔实，《行知世界》收录了企业战略、战略性营销、研发创新和世界级制造四大方面共40篇案例文章，主要是美国、日本和德国企业的经营实践；《践行中国》收录了组织变革和人力资源开发两大方面共44篇案例文章，主要介绍中国企业的管理实践，其中人力资源开发的内容涵盖领导力、4J技能、人才培养、一线文化和职业发展等。令人非常欣慰的是，虽然有些文章已经发表数年，现在读来，依然观点独特、案例鲜活、文字隽永，在今天仍有很强的时代感和可借鉴性，散发着活力气息。

《行知世界》和《践行中国》以零牌顾问机构专家团队的原创案例文章为主，还收录了少数零牌客户撰写的案例文章，主要有艾利（中国）有限公司李柏楼的《任东行初出江湖》和泰豪科技股份有限公司前副总裁刘璋撰写的《聚焦人的改变 培养改善文化》，前者是零牌培训课后实践作业的代表佳作，后者是零牌咨询项目的文章，折射出零牌顾问机构与中国本土企业在培训和咨询方面卓越互动的现实成果。

现在，零牌顾问机构应多家管理期刊的约稿每个月都有案例文章发表，《行知世界》和《践行中国》两本专辑是我们对过去多年工作的一个小结，今后，我们将陆续出版微案例·全球卓越经营管理实践专辑，以飨读者。

跨界学习补充"微量元素"、激发创新灵感。在本书付梓之际，我们要特别感谢长期关注和支持零牌顾问机构咨询培训事业的《现代班组》总编张东晖老师和编辑应慧娟老师、《中外管理》编辑朱丽老师、方行国际董事长吴培华先生和松下电器（中国）前总裁木元哲导师。愿《行知世界》和《践行中国》的出版，能够为转型中的中国企业提供更广阔的思维借鉴。

目 录

第一篇 企业战略

第二篇　战略性营销

第三篇　研发创新

第四篇　世界级制造

第一篇

企业战略

第一篇

企业始祖

世界级制造的力量

怀海涛　零牌顾问机构资深顾问

《中国制造的世界级战略》是一本专门为广大中国制造企业转型升级撰写的书籍。

我们试图让中国企业和中国企业家全面了解当前在欧美发达国家正如火如荼展开的制造管理变革——世界级制造（World Class Manufacturing，WCM）。

我们试图着眼宏观、立足微观，描绘中国制造企业迈向国际化经营的蓝图，用世界级制造（WCM）理论为中国企业转型升级提供具体的路径指引，为中国制造业的中长期发展提供理论基础。

丰田成为"打不死的小强"

2010 年"刹车门"事件，2011 年福岛核事故，2012 年钓鱼岛事件，丰田怎样成为"打不死的小强"？在 20 世纪 70 年代开启国际化道路之后，丰田公司屡次遭遇全球性经营危机，次次都成功实现"软着陆"，显示了世界级制造的强大力量！

丰田到底靠什么秘密武器成功实现"软着陆"呢？不仅是精益生产，而是世界级制造（WCM）！

专家在深入分析事件的来龙去脉之后发现，丰田凭借的是五个强大的积累：强大的资金积累、强大的人才积累、强大的产品积累、强大的品牌积累和强大的技术积累。

世界级制造（WCM）理论可以更完整、更前瞻性地解释富可敌国的国际化企业历经全球风雨沧桑、长寿经营、基业长青的秘诀。

世界级制造（WCM）的理论缘起

由美国学者理查德·施恩伯（Richard Schonberger）在 1986 年首创的"世界级制造"（WCM）理论在 1996 年才有成型的技术体系，与精益生产是同根同源的关系，是在研究丰田生产方式（TPS）之后提炼、升华的一套企业运营管理理论。

近 20 年来，世界级制造（WCM）对北美和欧洲企业的复兴和繁荣起着重要的作用，最近又瞄准了发展中国家的企业在进步中的问题，推动着全球制造业的进步和发展，世界级制造（WCM）成为 21 世纪全球卓越制造的新标准，是企业在全球竞争中获胜的新的强大武器。

在施恩伯的世界级制造（WCM）理论的基础上，我们根据欧美企业的具体实践，结合对全球标杆企业研究的成果，开发出世界级制造（WCM）的理论模型（见图 1.1）。

世界级制造（WCM）有四大特征：精益生产、精品质量、服务型制造和世界级品牌。只有完整地认识上述四大特征，才算对世界级制造（WCM）有全面的理解，才能为企业的转型升级提供明确的指引。

特征一　精益生产

精益生产是世界级制造（WCM）的第一大基础，要解决的是企业资源效率问题，运用工业工程、价值工程和统计技术三大管理技术，结合产品技术、工艺技术和信息技术

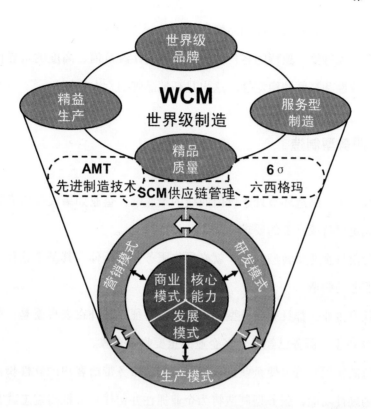

图 1.1　世界级制造（WCM）的理论模型

（IT），对产品的开发流程和订单执行流程进行精益改善，消除浪费、缩短交货周期、加速资金流动，提高企业增值能力。

精益生产是向世界级制造（WCM）冲击的理念和方法，世界级是精益的目标引导和实施效果的度量。企业攀登世界级制造（WCM）的明确道路是：走精益之路，到达世界级制造（WCM）的至高境界。

特征二　精品质量

改变传统质量管理只是为了降低失败成本、确保准时交货的基本目标，世界级制造（WCM）强调精品质量，是站在战略高度看待质量管理，最终服务于品牌建设。

在精益生产的基础上，企业要实现精品质量。因为质量的竞争是最基础的也是最持久的竞争，最终，精品质量将为企业的品牌添金。

精品质量有六大特征：独特的客户体验、超高的让渡价值、高度的可靠性、高度的符合性、高度的一致性和高度的稳定性。这也是高端品牌的六大特征。

特征三　服务型制造

在微笑曲线当中，制造环节处于价值曲线的最底端，企业如果仅仅依靠赚取一点加工费，自然无法满足可持续发展的要求。

因此，传统制造企业要转型升级，就必须往服务方向延伸，其基本途径是：基于制造的服务和基于服务的制造。

综观全球长寿企业，都具有服务型制造的典型特征，其外在表现就是：服务收入占销售总收入的30%以上。服务已经是众多企业的重要收入来源。

服务型制造的实现，可以使企业进入高端市场，服务带给客户的软性价值将远远大于产品带给客户的硬性功能，服务型制造将为企业抓住并留住一大批高端忠诚客户。

特征四　世界级品牌

品牌是企业产品、服务和信誉的结合体，是决定企业能走多远的竞争武器。品牌的竞争比的是企业的良心、抱负和积淀。

世界级品牌是世界级制造（WCM）的最高目标，是在精益生产、精品质量和服务型制造的基础上迈上的最高台阶。

"只要是好东西，总是会有人买的。"在品牌的知名度、美誉度和知名度当中，世界级制造（WCM）追求全球范围的知名度和美誉度，最终是希望提高全球客户的忠诚度。

世界级制造的内在能力

世界级制造（WCM）是继精益生产之后，21世纪全球优秀制造的新标准，要达到这一卓越水准，需要企业在战略层面建立面向未来的商业模式，培养支撑商业模式的核心能力，构建适合全球市场的发展模式。

世界级制造的外在表现

有了内在能力，还要有很好的外在表现，使企业能够与市场需求对接，抓住订单，将战略落地，包括：营销模式支撑商业模式的实现，研发模式将核心能力转化为发展动力，生产模式实现可复制扩张。

世界级制造的系统建设

在中国生产就意味着参与全球竞争。由中国制造迈向世界级制造，对企业的系统建设提出了前所未有的高要求。

一是要充分运用先进制造技术对企业现有生产系统进行改造。二是加强供应链管理能力，从战略落地的高度进行供应链建设。三是运用六西格玛流程技术锻造精品质量，支撑世界级品牌。

他山之石，可以攻玉

中国企业正面临的困境，国际化长寿企业都曾经历过。中国企业正百思求解的难题，国际化长寿企业都成功解答。

多年来，零牌顾问机构从精益生产切入，以国家案例、城市案例和企业案例为载体进行跨界学习，潜心研究大量国际化企业和国内明星企业的成功之道，探索企业做强、做久和做大的秘诀，解码企业长寿基因，希望为中国企业特别是中国制造企业的国际化经营提供直观的案例借鉴。

中国企业亟须提高组织变革能力

后 EMBA 时代，中国企业和中国企业家显然不缺知识，而是缺乏在企业长期经营过程中不断突破发展"瓶颈"的组织变革能力！

我们期望，超越精益生产的世界级制造（WCM）理论能够给广大的中国企业和企业家提供一个全新的思路，补充"微量元素"、推动组织变革、突破发展"瓶颈"。

在全球抢夺制造业的"战争"中获胜

高端制造业回流发达国家，美国政府启动"新经济战略"，西方发达国家几乎不约而同地大力推动"再工业化"，东南亚国家与中国抢夺中低端制造业……在经历了20多年的"制造迷失"之后，世界各国政府重新审视制造业。

专家分析说，离开制造业，发达经济体无法有效降低失业率，未来十年可能是发达国家再工业化、夺回制造业的十年。

软件可以替代硬件，自动化也可以实现高柔性。西方国家迈上再工业化道路，得益于先进制造技术（AMT）的突破性成果，先进制造技术足以支撑传统制造业向先进制造业转型升级。

制造业完全可以低成本、零污染，像金融产品一样快速增值，因为先进制造技术通过技术集成、系统集成、信息集成和管理集成，完全可以做到自动化、低成本、高质量和快速应变的完美结合。

21 世纪的今天，实业仍然是立国之本，制造业对创造社会财富、解决国民就业、确保社会稳定、强化国家竞争力是第一位的战略性作用，也是执政党长期执政无可替代的执行基础。

正是在这个意义上，世界各国以开创性的思维、站在全新的高度、用长期发展的眼光，纷纷开始"抢夺"制造业——更准确地说，是抢夺高端制造业。

"心中纵有千条路，早上起来该卖豆腐还得卖豆腐。"还得卖得更好。

我们期望，世界级制造（WCM）理论能够为中国制造业提供实实在在的转型升级路径：精益生产、精品质量、服务型制造、世界级品牌，把"世界工厂"转变为"世界级制造中心"，真正实现产业报国、实业立国。

在《中国制造的世界级战略》付梓之际，我们要特别感谢北京中智信达教育科技有限公司总经理王建敏女士、北京乐知信达图书有限公司总监刘颖和冯巩辛老师，还要衷心感谢零牌顾问机构赵雅君老师、华南农业大学硕士研究生谭利强和广州外国语学校陈启迪同学等的大力支持。

我们热切期待和中国企业与企业家一道，在中国制造迈上世界级制造的道路上为国家建设和民族振兴尽一份力。

宝马工厂折射德国工业4.0

祖　林　零牌顾问机构首席顾问

　　过去说起制造，人们立即会想到日本丰田生产方式、精细化管理……随着德国企业和德国经济在2008年经济危机之后持续卓越的表现，人们今天立即想到的则是德国、西门子、智能化制造……一次深入宝马汽车的零距离学习活动，让我们切身体会到21世纪以德国制造为代表的第四次工业革命。

宝马汽车：制造业进入机器人时代

　　机器，机器人，还是机器人。从冲压到车身，从涂装到总装，四大车间都是机器人集结（见图1.2），机器人们正在"耍着花样地玩活儿"，而且各有各的玩法，取件、换件、空中旋转、精确定位、焊接……它们在不同的生产线上专业且毫无怨言地忙碌着，整个工厂几乎看不到工人，只有一群群"变形金刚"在大显身手，恍惚之中，还以为自己身处机器人星球。

　　"21世纪的世界级制造业进入了机器人时代。"接待我们的宝马公司员工是德国人威廉·理查德·瓦格纳，他有一个中国名字，叫李威。

　　在冲压车间，六序伺服高速冲床每小时可以完成上千个冲压件作业，生产效率与传统

图 1.2　机器人遍布德国宝马工厂

液压机相比提高了 3 倍，供料、排废、更换模具、冲床调整与运转、异常监控等，整个工艺流程全部高度自动化。

在车身车间，生产线两边围绕着各种机器人，数百片钢板被适时传送到不同工位，642 台机器人完成多达 5000 多个焊点的焊接，看上去就像医生们联合做手术一样有条不紊。车身车间的自动化率高达 95%，除返修工位之外，已全部实现自动化。

采用集成喷涂工艺的涂装车间，省去了底漆及相应的干燥三道工序，平均每辆车的电耗低于 500 千瓦时，为十年前的 1/3；相比传统喷涂工艺，水消耗降低了 70%，能耗降低了 67%，减少污染排放 70%。

在总装车间，巨大的 C 形钳是人"人"（机器人）联合作业的关键：每个 C 形钳会根据工人的高度，顺应人的需求，调整和翻转工位，实现高位、低位运行，空间利用最大化。而在它们手上，每个螺丝的拧紧程度都将被录入电脑系统并保存直至车辆报废，确保每一项数据都可追溯。

机器人接管工厂折射的第四次工业革命

　　宝马公司的前身为巴伐利亚机械制造厂（Bayerische Motoren Werke），广为人知的 BMW 就是其缩写，蓝白标志象征着旋转的螺旋桨，1916 年建厂的宝马公司最初是一家飞机引擎生产厂，现在以高级轿车为主导，并生产享誉全球的飞机引擎、越野车和摩托车，是全球汽车界名列前茅的知名企业。

　　2005 年竣工投产的莱比锡工厂代表了宝马公司最高的制造水平，也是全球智能化制造的典范：机器人接管工厂的现实、到处流露出的种种"未来范儿"，折射的是德国制造引领全球的第四次工业革命（见图 1.3）。

图 1.3　宝马莱比锡工厂代表的工业 4.0 雏形

　　德国制造有一个根深蒂固的观念，就是不相信人，他们认为，人是感情动物，比机器更容易出错，为了强化制造系统的防错能力，未来工厂应该完全由机器人群体生产，而人只需要做生产规划，下达生产指令，或者给机器人打下手，帮助维持生产线高效、可靠的运转——未来，机器人将全面接管工厂。

高度的灵活性、高效率、环保和人性化设计，这是宝马莱比锡工厂的典型特征，也是第四次工业革命的现实写照。

智能工业：工业文明迈入4.0时代

继机械、电气和信息技术之后的第四次工业革命，是德国联盟教研部与联邦经济技术部联手推动的《高技术战略2020》十大未来项目之一，其目的在于奠定德国在重要关键技术上的国际顶尖地位，继续加强德国作为技术经济强国的核心竞争力。

信息技术和制造技术的深度融合，为解决这一问题提出了新的方向。目前，德国的西门子等领先的制造企业正以信息物理融合系统（CPS）为框架，建立包含设备、仓储系统和工业产品的全球性网络，业界将这一新的变革方向称为工业4.0。

时间、效率突破和柔性是传统制造业进入21世纪后的最大挑战，通过信息技术和制造技术的深度融合，工业4.0造就的数字化企业、智能化制造将完全解决上述三大难题。

在工业4.0阶段，人力在生产过程中永远占一席之地，人力会被概念化，人与机器、虚拟电子物理体系的分工是：人类设计产品并决定产品规则和参数，机器、虚拟电子物理体系基于这些指令，触发、比对路径并选择、优化生产。

这是一个集成化的工业时代，硬件系统借助智能化互联将具有自我决策能力，工业制造将从一套固化的中央控制体系向分布式智能体系转变，"人类工业生产过程中，将由一些看不见的'乐器'——虚拟的电子物理体系，在各个物联网的节点上，共谱新的工业化乐章，并重塑生产制造的流程"。这是德国国家仪器制造公司的CEO兼总裁对于工业4.0给出的一种权威解释。

宝马汽车智能化制造的背后是强大的德国实力：西门子、菲尼克斯电气、倍福……这些在世界广为人知或在中国名不见经传的德国企业，支撑了德国工业智能化，引领着全球工业4.0的最新潮流。

在德国土地上的中国思考

祖　林　零牌顾问机构首席顾问

中国制造，德国装备。日本精益，德国精品。

2013 年 4 月和 5 月，我作为随团教授两度带领中国企业家前往德国进行主题为"企业战略转型"的全球跨界学习，数月后仍常常回味所见所闻、所思所解，渐行渐引。

恬静安然的德国社会

与从国内宣传报道中感受到的欧洲危机氛围不同，踏足德国国土，一路走来，安静、有序是所有企业家团友的一致印象。人流量大的慕尼黑机场全然没有中国机场的喧嚣，大街上人烟稀少，我们这群叽叽喳喳的中国来客显得非常惹眼，教堂钟声更凸显了城市的安静。

德国的城市都不大，人口密度更小，一晃就走出市区，德国的郊野绿草如茵，灌木和树林镶嵌其间，看得出，一切都被有序地管理着，和谐、自然却不做作。远处的山峦、蓝天和白云，原始生态的自然环境与城市建筑和教堂尖顶交融成一幅横亘无轴的画卷，牛群和小木屋偶尔点缀其中。

天鹅、野鸭、松鼠等野生动物在城乡和人类和谐相处。据说，莱茵河曾被称为"欧洲的下水道"，有过切肤之痛的德国人用了 50 多年重拾蓝天碧水，也成就了其在全球环保技术领域的领先地位。

危机是政府的事情，人们过的是自己的日子。发表观点、表达愤怒，有时难免激烈，这些社会生活却不是你死我活的斗争，冲突之后回归平淡，恬静安然的德国社会显得格外和谐。

严谨古板的德国人

德国人的严谨是全世界出名的，严谨得甚至有点古板。大巴司机每天最多工作 9 小时，每两个小时必定休息一次，每次休息一定是 30 分钟——甚至，有两次因为和德国企业交流热烈，时间有所延迟，组织方只好为我们安排第二辆车和第二个司机，这让我们这群来自中国的企业家们着实不理解。

负责全程接待的德籍华人刘小龙先生解释说：德国人的严谨不只是个体行为，已经渗透到社会生活的方方面面，按照法律的规定，所有的大巴都安装了自动记录系统，一旦有违规情形司机将面临严厉处罚，而且，沉稳的德国人并不认为工作是生活的大部分，他们绝对不会为了让客户满意而去踩法律的红线。

刘小龙先生还有一次特别的经历：刚到德国时受母亲引荐去拜访一对德国夫妇，提前 40 分钟到达，开门的男主人一脸刮胡膏、满是惊诧，"请您到周边转转，40 分钟之后再来好吗？"40 分钟后，夫妇俩穿着西装礼服毕恭毕敬地开门恭候来客。

"是否一切就绪？"是德国人最常见的问候语，约会既不能迟到也不能早到。德国人讲究秩序和原则，注重卫生和仪表，严守时间和信用，做事井井有条、一丝不苟，这些优点对于大多数中国人来说都觉得不便，可是和德国人相处久了，就能发现他们的可爱之处——这极大地提高了社会效率和国民生活质量。

慢条斯理、按部就班、有条不紊，德国人享受生活，也善于创造高质量的生活，在热情奔放的外表下却拥有坚忍不拔的意志，硬朗又不失弹性，保持一颗沉静的心。这些不就是我们想要的慢生活吗？

拥有科学家团队的巴斯夫和拜耳

人类使用染料的历史最早可追溯到公元前2600年的中国，当时的染料来源主要是植物。现代化工染料的先驱者是德国，1834年，一名德国化学家发现，若在提炼煤油时加上漂白剂，苯胺会发出鲜蓝色彩，这奠定了日后发展苯胺染料的基础，巴斯夫和拜耳则是从染料的工业化生产开始，历经100多年的发展，这两家企业几乎同步成长为全球化工康采恩（多元化高级垄断集团），不但在化工、高分子材料方面首屈一指，而且在医药和动植物保护领域引领全球，其产品和服务覆盖人类生活的方方面面。

在狗的脖子上滴一滴药剂，可以在20分钟内杀死其体表和体内所有的寄生虫，并维持半年。这样的产品可以有效地保护人类——在西方，人们将宠物当作家庭成员来对待，很多寄生虫病是人畜共患的，保护宠物就是保护人类自己。

从做染料起家，到药业，到作物保护，接待我们的拜耳资深工程师卢卡斯·霍夫曼介绍说，这得益于德国企业都有自己的科学家团队。人类的科学研究通常往两个极端方向发展：宏观的超级宏观（宇宙），微观的超级微观（纳米和基因层面）。基础研究奠定技术基础，应用研究拓展广阔市场空间，产品开发则是技术客户化的表现。

而中国企业还在用大学招牌为自己贴金，德国企业存储科学家的百年传统给我们带来怎样的借鉴和思考？

拥有发明家基因的奔驰汽车

美国人从汽车进入家庭的百年历史中总结出一条规律：一个人这辈子买了第一辆车就一定会买第二辆，一个人买了第二辆车就一定会开一辆高档车。从民族品牌到日本车、美国车，德国车是众多中国爱车族心中的最终归属。

1886年1月29日，德国人卡尔·奔驰和戈特利布·戴姆勒获得世界上第一辆汽车的专利权，标志着汽车这一开创性交通工具的诞生。百年来车市风起云涌，大浪淘沙，奔驰作为汽车始祖始终是全球汽车行业的旗帜，三叉星徽成为身份的象征。

面对全球化竞争，不耗油、零排放和无人驾驶成为奔驰公司的研究方向，在奔驰公司辛德芬根工厂，大量机器人的使用极大地缩短了生产周期、保证了产品质量，90%的自动化率虽然增加了企业的折旧成本，却同时降低了劳动密集度、拉高了技术门槛和资金门槛。

令人意想不到的是，在德国象征建国的德意志角——摩泽尔河和莱茵河交汇处，我们竟然看到八辆奔驰老爷车，驾驶员是清一色的德国老人，这些20世纪初的产品今天仍然运转正常，焕发出不朽魅力，着实令人感叹。

由两位汽车发明者创立的梅赛德斯—奔驰汽车，流淌着发明家的血液。永远用创新思维思考未来、面对问题，拥有发明家基因的戴姆勒公司一直是汽车技术创新的先驱者，创始人缔造的文化基因，无声息地奠定了企业的文化传统，影响深远、默默传承。

种瓜得瓜，种豆得豆。投机分子、生意人、商人、工匠、工程师、企业家、科学家和发明家，中国的企业家们，您属于哪一种呢？

西门子：中国制造，德国装备

在奔驰辛德芬根工厂，我们惊奇地发现奔驰工厂广泛地运用了西门子装备，从焊接机器人、组装设备到检测系统，不一而足。

西门子公司创始人维尔纳·冯·西门子（1816～1892 年）从小家境贫困，中学毕业后从军，却在服役时对电报技术产生兴趣，发明了 19 世纪流行一时的指南针式电报机，后因与人决斗被判入狱，在监狱中着手建设小型电子实验室，进行系统电学研究，先后发明了电动机、发电机和有轨电车等，改进过海底电缆，提出了平炉炼钢法，革新了炼钢工艺，成为德国历史上卓有成就的电气工程学家和企业家，西门子公司也发展成为全球工业、能源、医疗、基础设施与城市四大领域的领先企业。

中国制造，德国装备。西门子不只做冰箱。和日本企业在中国大卖家电和电子产品不同，除了汽车，德国产品在中国市场大多不为大众所熟悉，医疗器械、地铁施工、炼钢、炼铝、发电厂、城市交通管理……在 30 多年高速发展的中国，德国装备被广泛运用在中国的各行各业尤其是高端产业。

从产品到装备，是众多德国企业战略转型的路径之一。这里所说的装备，不是单一的生产设备，而是一套完整的系统解决方案。经济好的时候企业要扩产，制造装备大有市场；经济不好的时候企业要转型升级，制造装备大有机会，尤其在当前这个从传统制造业迈向先进制造业的关键时期，德国装备在全球范围内抓住机遇，发展迅速。

德国是一个严重依赖出口的外向型经济国家，作为世界第二大商品出口国和第三大商品进口国，几十年来，德国企业与时俱进，造就世界绝对领先地位的"出口冠军"。和日本一样，德国资源奇缺，依靠科技兴国，德国成为全球第四大经济体和第四大工业国。

凭借坚实的内力，2009 年，在危机中的全球经济一片萧条时，德国经济却实现了 4% 的 GDP 增长，在后工业国家"东倒西歪"时一枝独秀，成为欧盟的经济引擎。

柏龙啤酒：德国企业的中年风格

柏龙啤酒是德国非常著名的啤酒品牌之一，百余年的生产历史和酿造工艺使工厂毫无现代感，铮亮的黄铜发酵缸，阴冷昏暗的地下隧道中管道密布，随着滔滔河水从厂区穿流而过，数百米地下水缓缓变成可口的啤酒。

柏龙公司是世界上少有的生产白啤酒的厂家，用大麦麦芽和小麦麦芽混合在一起酿造的黄浑啤酒口味重，口感独特，最适宜鲜饮。德国人酷爱啤酒，尤其喜欢鲜啤，瓶装和灌装啤酒的市场销量不大，正因如此，柏龙啤酒并没有大面积扩张，百年来其产能和生产据点并没有多大的变化。

柏龙啤酒只是一个代表。德国企业往往偏安一隅，像个稳重又充满活力的中年人，默默地坚持着自己的目标，稳定而专注地在一个领域发展。它们可能是"小公司"，也可能是"慢公司"，甚至还可能是"笨公司"，但稳定的业绩和成长表明它们绝不是"差公司"，它们当中有不少是世界级的隐形冠军。

如果说美国代表的是一种寻求短期利润和个人财富的商人文化，德国则代表了一种努力创造持久永恒产品的手工业文化，这使得德国企业能够保持一种长远的眼光，专注于企业最初的目标，并一以贯之，即使在艰难的时刻，也不会忘记既定的方针。

正如德国工商总会执行理事亚历山德拉·沃斯女士所说："德国企业之所以成功，在于他们致力于创造长期的产品差别，专注于创新，而非资本市场。"

德国企业，全球员工

在奔驰、巴斯夫、拜耳，接待我们的有德国人，有中国人，也有俄罗斯人；在企业生产现场，更是各种肤色、各种族裔、各种年龄并存，而企业介绍资料也有多种语言版本，"地球村"俨然是现实，这也印证了经济全球化和企业国际化的发展路径。

在巴斯夫，负责接待的小李和小王都是中国人，小李是来自上海的研究生，小王则是由南京巴斯夫派来进行短期工作的。谈起在德国的工作感受，除了严谨、细节，他们对德国人的思维方式和人性化管理更有深刻体验，即使是在德国大型跨国企业里，等级制度也并不明显，不责骂、不罚款、不对个人做与工资挂钩的绩效考核，德国人务实、注重效率，喜欢用最简单的方式解决问题，德国企业更倾向于一种扁平化的管理模式，在轻松、包容、和谐的人际环境中工作，个性发挥和团队目标自然地结合在一起。

东方文化讲究等级秩序，西方文化重视个体为尊、人格平等，这两者并不矛盾，德国企业也在中国经营，德国本土企业也有中国员工，在以三一重工为代表的中国企业迈向新一轮国际化经营大潮的时候，企业文化和管理方式面临全新的挑战，德国企业也给出了诸多可借鉴之处。

在德国土地上的中国思考

一圈下来，细心的团友发现，西门子、巴斯夫、拜耳、奔驰……相当多的德国企业都是以其创始人的名字命名的，它们都曾是私人经营、家族企业、小作坊、小本经营，从乡村到城市，从欧洲到世界，也曾青黄不接、家道中落、东山再起，历经传承沧桑。如今，它们活跃于全球市场，用战略思维进行全球定位，依靠先进的技术、世界级制造和全球化服务，在周期性的全球经济循环中永握胜券，百余年痴心不改、一路前行。

透过德国企业背后的品牌故事，想想曾经的"家族企业"、"专业化和多元化"、"做大、做强还是做久"的热烈争论，在德国的土地上进行中国思考，企业家们别有一番滋味在心头。

德国，值得细品的德国和德国企业。

德国企业的小镇情怀

赵雅君　零牌顾问机构营销管理高级顾问

　　每一位去过欧洲的中国人，都会对那里的蓝天白云、山川河流，和有数百年历史古朴的建筑印象深刻。2015 年去德国学习时恰逢秋季，和德国企业、德国社会有了一次零距离接触，德国中小企业如何能潜水全球市场、从小本创业到隐形冠军、让家族事业延续数代百年？莱茵河畔的微风俏皮地吹着五颜六色的树叶，裹着树叶的香气从领口钻到身体里，即使我非常清楚身处一个工业国家，却丝毫感觉不到工业制造带来的纷扰。

与学者对话，思考小镇"隐形冠军"

　　德国制造隐含着三个含义：创新、质量和技术。提到"隐形冠军"，谁能不想到令人望而生畏且动辄百年基业的德国军团？

　　法兰克福财经管理大学纽尔·施蒂格利茨教授以温特豪德为案例，深度解剖德国企业通过线性（渐进性）创新从小家电起家到商用洗碗机的渐变历程，医院用、餐厅用、企业食堂用……洗碗机、清洗剂、培训……温特豪德的 T 字形路线所展现的产品（技术）创新、市场创新和组织创新，揭示了德国企业界沉稳专注的战略性格，与美国企业界叱咤全球、屡创传奇的突破性创新（跨界创新）交相辉映，成为人类创新发展史上的两朵奇葩。

持续性虽然不会在短期内有突破性回报，但创新风险小、可持续性强，德国中小企业的隐形冠军现象说明：对于大多数以产品竞争为核心的企业，持续性创新是持久之道。

不管是几万名员工的大企业，还是仅有几人的作坊式小公司，每年用于创新的投入都不低于销售额的10%，哪怕是只有1%的成功率，严谨的德国人也不会让企业输在创新的起跑线上。

身居小镇的德国企业，看到的是整个世界。

阡陌乡村，全球化工厂

很多欧洲企业建立在远离市区的小镇，比如雀巢公司总部设在瑞士日内瓦湖畔的一座安静的小城韦威（Vevey），印刷行业的大佬海德堡印刷公司位于海德堡古城，西门子医疗器械公司位于纽伦堡附近的厄尔兰根，奥迪总部在巴伐利亚名不见经传的城市英戈尔斯塔特，卡尔倍可在鲁尔区的边缘小镇哈根。

我们驱车来到一个偏远的小镇，在一片没有任何公共交通的田野，就是SOMAKO公司，两层的厂房略显陈旧却不失格调和有序，一点儿都不起眼。1981年创立的SOMAKO公司在其成立27年时收购了有152年历史的BMD公司，从材料加工成型、铸造、控制技术到特种装备，其产品实现了从硬件到软件再到系统集成的蜕变。走进SOMAKO公司的车间，现场有点杂乱，地面却很洁净，和中国为数众多的小微型制造企业没有太大的不同，员工一边工作一边嚼着口香糖、听着音乐甚至歌唱，（Product Lifecycle Management, PLM）全数字化模拟设计和模拟生产、全柔性生产线、可视化控制、远程诊断和维护……这些想象中的"高大上"的世界级工厂的技术实力，却实实在在地掌握在有110人的SO-MAKO和有9个人的BMD公司，充分显示了隐藏在现场和硬件之外的组织力量。接待我们的SOMAKO总经理邵（Shy）先生笑称自己"害羞"的名字，却和BMD的营销经理达夫特（Helmut Daft）先生花了一上午的时间热情而不厌其烦地与中国企业家互动交流。小人员规模，个性化定制，一年只生产十几套成套设备，帮助客户实现批量生产和单件生产，年销售收入为 1300 万欧元……两位德国中年男子言谈当中体现的沉静和专注，成为我们对德国印象的鲜明主角。

在一步一景的乡村小镇，SOMAKO 工厂掩映在阡陌如画的山路田野，在目前尚无标准翻译的 Kurnbach 城市，这个典型的德国小微企业默默无闻，将传统制造技术与互联网、物联网集成为智能化制造系统，在以智能化制造为核心的工业 4.0 时代，其业务遍布全球，SOMAKO 再创隐形冠军新篇章。

小镇成就企业，企业辉映小镇

这并非偶然。德国企业偏安一隅，与当地小小的社区融为一体，默默地坚持着自己的目标，并关心自身层面以外的事务。

对企业来说，更依赖小镇的有限劳动力，只有当地的员工才能支撑企业的长足发展。对于小镇民众，在这里找到另一个工作岗位的可能性较小，爱企业就是爱家乡。这种情况造就了雇员和雇主之间的相互依赖，造就了相互认同，避免了对立关系。对于当地社区来说，企业通常是最大纳税人，所以居民也很关心企业的状况。由于当地一半以上的居民都是企业的员工，社区尽力让这些"纳税人"心情舒畅，而作为回报，企业也向当地市政建设、博物馆和文化活动提供赞助。在经济危机期间，各地政府对企业都给予了很有力的帮助。驻扎在小镇的另一个好处是，可以避免干扰和精力分散。大城市对人的干扰实在太多，要创造出高品质的产品，需要聚精会神，在安静的环境里更容易做到这一点。

管理学大师亨利·明茨伯格指出："人类是群居动物，如果没有一个更广阔的社会系统，我们就无法施展自己的能力。这就是'社区'存在的意义，社区就像是一种社会黏合剂，把我们聚集在一起，共同追求更大的利益。"任何一家实体企业，在地理上都必然存在于某个社区，可能也雇用该社区的居民作为员工，其员工也在该社区消费、生活。既然企业与社区发生如此紧密的联系，那么企业就不能仅仅关注自身的发展，企业先天地就对整个社区的和谐共处承担着责任。企业这样的社会责任感，也不单单缘于财富既得之于社会自然要回馈社会的大道理，它还可以帮助企业赢得更好的口碑，提升企业形象和品牌价值。喜好小镇生活的居民也不想背井离乡，更愿意在自己家门口工作，自然也就与企业融为一体，共同追逐未来的梦想。

宁静的欧企，流淌的活力

——德国、瑞士企业零距离学习的启示

祖　林　零牌顾问机构首席顾问

"德国制造"铸就的国家品牌使"德国战车"驰骋全球，引领欧洲甚至世界经济。在后工业化时代，德国如何凭借巅峰品质的传统优势续写新篇？又如何通过工业4.0再造辉煌？既是精密小国，又是经济强国。高山之国瑞士如何将国家竞争力与国民幸福完美结合？匠心独具、痴心不改。瑞士企业家如何缔造慢节奏、高品质的极致生活并代代传承？

2014年10月16~25日，笔者带领"德国瑞士·巅峰品质"研修班的中国企业家们再度走进欧洲，在世界顶级名企跨界学习的同时，感受阿尔卑斯之巅的极致品质生活……

地球村员工，班组自由组合

虽然不是第一次走进奔驰辛德芬根工厂，却常走常新，每一次都有新发现。

金发碧眼的欧洲人，黑皮肤的非洲人，黄皮肤的亚洲人，欧洲企业充斥的是地球人。不同族裔、不同语言、不同文化的员工交融在工作团队，需要企业有多元化的包容性和多元化的工作方式。

"我们的客户是多元化的。"全球化客户，全球化企业。欧洲企业认为多元化员工带来

了挑战，更带来了收获。"相比多元化员工带来的管理困难，我们认为更大的价值在于加深了我们对多元化客户的理解和适应。"

嚼着口香糖，戴着耳机，手舞足蹈地在岗位上干活儿，甚至自动化设备企业 SOMAKO 的生产现场还大声地播放广播节目，这些在中国企业不能接受的现象，在欧洲企业却是一种常态。

"我们的员工自由组合，与自己喜欢的伙伴结成工作小组。"霍夫曼女士的介绍令中国企业家们瞪大了眼睛：这能保证产品质量吗？工作效率会不会受影响？……意外的是，辛德芬根工厂的这一安排并没有出现同年龄扎堆、同族裔聚集等现象，更没有出现质量事故和效率问题，"事实证明，这样做使团队更融洽了，更有利于质量稳定和提高效率。"

"我们并没有实行经济奖罚的考核制度。"霍夫曼女士强调说，开放心态，尊重人性，一切以鼓励为主。

根据员工的建议，工作小组每两个小时换一个工作单元，这极大地消除了重复工作的枯燥和无聊，催生了诸多来自员工的现场微创新，由此拉动的技能多样性也提高了员工的工作满意度。同时，自由组合的工作小组并非一成不变，而是定期解散、再度组合。

全自动化车间，无须维护的设备

奔驰辛德芬根工厂的焊接车间是一个全自动生产车间，数十台机器人组成若干个作业单元，无须人工介入就能按计划自动生产。这个车间只有 15 名员工，其工作不是与设备联合作业，而是骑着自行车在车间内穿行，巡视各个机器人"员工"的内在状态。

在一台机器人旁边，霍夫曼女士拿起一个用过的铜电极让我们触摸，她介绍说：机器人对焊接用过的铜电极会自主判断、自动修磨，不能再用的电极则会被它们收集在指定的盒子里。这让我这个有过电极管理经验的工科男惊叹不已——在中国企业，由于工装夹具和辅助材料管理不善造成质量问题和停产事故的例子比比皆是。

正在讲解之时，车间音乐响起，所有的机器人在数十秒内停了下来，车间瞬时肃静，静得可以听见彼此的呼吸。霍夫曼女士告诉大家，工休时间到了。

机器人也要休息？"是的，机器人也要休息！"奔驰工厂像对待人类一样对待机器人，每天上下午各一次工休，每周休息两天。

"我们的设备不需要维护。"在一位员工走进机器人控制面板时，霍夫曼女士告诉大家：机器人系统有自主诊断功能，能够根据状态基准和时间基准进行自我诊断，及时发现可能的运行隐患，一旦需要，设备会自己进行维护，点检、清扫、加油、紧固，一应俱全，车间员工只是通过巡视发现是否有需要人工介入的个别情形——这也是在设备系统提示下进行的。

机器人也要成长。辛德芬根工厂每 15 个月对机器人进行一次软件升级，每两年对机器人进行一次改造，而机器人升级换代则根据技术的进步适时进行。

匠心，科学与艺术完美结合

1860 年创立的萧邦表一直声名显赫，独具匠心的设计与工艺使萧邦表独具品位，朴实典雅、风格独特，堪称表中精品，成为上流人士最可心的选择。150 多年来，从萧邦家族到舍费尔家族，萧邦表经历了五代传承，延续家族风光、续写腕表传奇。

最难得的是，走进萧邦制表作坊，与萧邦工匠们零距离互动，他们把平和、宁静、微笑和满足写在脸上。瑞士法定退休年龄为 65 岁，萧邦员工平均年龄为 37 岁，以中老年为主体的研发和生产人才队伍是萧邦的财富，一不小心就碰上一位国际知名的表匠。

手工生产如何保证产品质量？

"手工制表既是科学也是艺术"。在确保手表的质量方面，瑞士企业有全球最高水准的加工、测量、检验和评价的装备和标准，而在手表的个性化设计、创新理念和创意生产方面，则依赖数百年传承、数十年经验的工匠们独具匠心、创造性的艺术劳动。

科学与艺术的完美结合，赋予了每一块手表超脱计时的价值和意义。面对中国"表主"的提问，萧邦全球营销总监马克·西姆先生亲自从品牌故事、运营管理、产品创新和全球经营多角度分享萧邦品牌的百余年历程，直面全球奢侈品牌的未来挑战。

"我们没有过度依赖中国市场，谨慎经营是我们家族生意的原则。"中国市场仅占萧邦整体收入的30%左右，即使在中国市场对奢侈品手表需求爆发的那几年，萧邦手表产量仍然控制在每年仅85000块。正因如此，全球经济下滑、中国政府反腐等因素对萧邦全球经营的影响甚微。

这不仅使人感叹瑞士人"坐怀不乱"的定力，而这种定力来自于清晰的定位、宁静的内心。

不提互联网，却缔造工业4.0

德国人似乎对互联网不太热衷；在互联网风起云涌、成为中国企业界言必称之的话题时，在德国却鲜有人提及。德国人根深蒂固的"制造"思想，让他们不是热衷于讨论，而是无声地投入互联网与制造的融合。

德国人坚信人类无论如何创新，都颠覆不了对产品的需求，颠覆不了对优秀而稳定的品质的需求。德国人并没有自绝于互联网时代，而是基于对信息化时代的来临和对自身优势深刻的理解，将互联网在工业制造中的运用综合成一种个性化战略——工业4.0。德国人将"制造"定位为自己的本分，他们知道人类永远需要制造，他们也知道人类已进入信息化时代，他们只是把信息化融入德国本来的优势上，以创造出符合时代与个性的进一步优势！

在奔驰的现代化工厂，湮没在纵横阡陌的SOMAKO公司，我们深刻感受到德国为制造、为品质而生的扎实体制，使德国绝大多数中小企业都拥有强大而持久的生命力，这也是德国人绝口不提互联网却深感自豪的原因。

微型博物馆，"小"企业关注"大"人类

这次欧洲之行，我还在不经意间发现了欧洲企业的博物馆现象。

汽车的前身是马车，两条铁轨之间的距离就是四个马屁股的宽度，未来的汽车不烧油，可以当作衣服穿在身上，还可以飞……在奔驰的汽车博物馆，人们可以从实物、图片、影视资料和互动参与中全面了解人类移动由慢到快的发展历史，还可以遐想未来普通人的飞天梦想。

三层的雀巢食品博物馆位于日内瓦湖（莱蒙湖）湖畔的韦威镇，没有任何雀巢公司或雀巢产品的介绍，而是从不同角度展示人类食物和食品文化的演变历史，是一个立体化的科普教育展览。从炊具到厨具，从食物到食品安全，从德国面包到四川麻辣菜，从热量到营养再到健康，人类竟然有食人的历史……小小博物馆，纵横两万年，横跨全世界，置身其中，似乎进入了人类发展的时光隧道。

一把军刀就是一个微缩的万能工具箱。笑容可掬的接待小姐不是先向来宾介绍自己的产品，而是先带领大家了解人类的刀具文化、瑞士的"天堂风情"，一举一动、一颦一笑无不透露出对人类、对国家和对企业的无限热爱。

来到IBACH（宜溪）镇，走进瑞士军刀微型博物馆，人类刀具进化史折射出人类文明发展史，令人惊奇的是，石器时代的中国刀具竟然也静处其中——很难想象，这些堪称文物的展品就在小镇上一间不起眼的小楼地下室展出，它们从数千年历史中走来，从世界各地汇聚于此。

这使我想起日本朝日啤酒公司的啤酒长廊，同样胸无边界、目无"对手"，数千个全球啤酒品牌的易拉罐码成的啤酒隧道，展示的是人类共有的啤酒工业史和啤酒文化。企业微型博物馆表达的是一个微观"社会人"对人类大文明、大利益的关注，展示的是企业"无我"的大格局、大情怀——唯有这样的眼界、心胸和志向，企业才能志存高远、忘利

前行、持久存在。

　　阿尔卑斯山静静矗立，日内瓦湖畔高山雪水、天鹅嬉戏，旖旎风光、国强民富，艺术气息、恬淡生活，"幸福国度"遍布的欧洲似乎对物质的欲望日渐淡薄，对思想和技术的追求却从未衰减，一切在真实、平淡中延续，缔造出高品质的生活、高质量的生命。

　　淡泊明志、宁静致远。宁静的欧洲似乎时光静止，宁静的欧洲企业却流淌着绵绵不绝的活力。

日本的匠人文化和中国的成功陷阱

祖　林　零牌顾问机构首席顾问

同处世界东方的中国和日本有太多的相似之处：都是佛教文明，都曾经历长期的皇权时代，都曾受到西方列强的半殖民，中国有戊戌变法，日本有明治维新……日本，这个处于世界东方的"西方国家"与中国又有太多的不同……

中国企业正面临的困境，日本企业都曾经历过；中国企业正百思求解的难题，日本企业都成功解答。同样地，日本企业正面临的困境，中国企业未来都将面对；日本企业正百思求解的难题，中国企业未来都要解答。工业化和后工业化都走在中国之前的日本，有太多的地方值得我们学习。

不论中日关系是好是坏，日本人对中国和对中国人的研究与学习从未中断。"人虎穴，探虎子。"带着这样的想法，在中日关系纠结之时，2013 年 10 月，笔者再次带领中国企业家代表团赴日本进行了为期一周的跨界学习，虽然在日本工作过，也多次带团赴日本考察。日本，这个既熟悉又陌生的邻国似乎始终戴着一幅神秘的面纱，每一次掀开面纱都有不同的发现和感受。

日本企业家的匠人文化

和中国的大多数创业者不同，日本中小企业的创始人的创业大多数源于自己独特的技术或技能，他们始终如一地在某一领域潜心钻研、精耕细作，在核心技术的某个环节不断积累，实现技术和应用的突破，始终走在世界的最前沿，颠覆了"大企业高附加价值、小企业低附加价值"的传统规律。

十万分之一克的塑料齿轮、扎不痛的针、最精密的六角螺栓、飞得最远的铅球……正是这种甘为能工巧匠、善为能工巧匠的匠人文化，成就了日本中小企业名不见经传却举足轻重、不可替代的市场地位，它们活跃在全球民用和航天等各个领域却鲜为人知。

有意思的是，在一年一度的日本"最有活力的中小制造业300强"评比结果中，几乎所有照片上的总经理都穿着工作服，其"现场现物"的工作作风，成为日本企业家匠人文化的经典写照。

从内激励看成功的陷阱

赚钱不是第一位的，日本企业家的匠人文化鲜明地体现了内激励的长久作用。

所谓内激励，就是来自内心自我欣赏和过程品味的自我激励；而外激励则是来自于环境的奖金、晋升、名誉等外部认可，内激励和外激励具有相对独立又相互依赖的关系，当外激励增加时，内激励会相应减少。

赚钱意味着成功，赚了钱还想赚更多的钱；企业做大了意味着成功，还想做得更大；拥有权力意味着成功，还想有更大的权力……无处不在的成功陷阱造成了喧嚣浮躁的社会现实。

日本匠人文化的可贵之处，是沉静务实的自我定位和企业定位，那种淡泊明志、宁静致远的企业家心绪，让企业走得更稳、更远。20世纪80年代中后期泡沫经济破灭后，日本经历了迷失的20年，那些拥有核心技术的中小企业基本上都存活下来了，现在活得都特别滋润。

从匠人文化看企业家特质

匠人文化是日本企业家群体的一个缩影。实际上，企业家之所以成为企业家，一定有其源于生命深处的某种特质。丰田佐吉多年潜心钻研织布机的改进，依靠专利获得的第一桶金开创丰田事业；代田稔博士是一名医学科学家，将研究中发现的肠道内有益细菌转化为预防医学产品，锻造了全球第一乳酸菌保健饮品品牌——益力多（又名"养乐多"）。

能工巧匠、发明家、科学家……企业家的个人特质通过一言一行、一时一事，长期的积累和沉淀，铸就企业具有内生力量、可以传承的内在特质，成为企业的文化基因——DNA。

基因确保传承。

No. 1 VS Only 1

不论是工匠主导型、加工配套型还是全球利基型，在日本最有竞争力的领域，中小企业的参与程度都特别高，日本中小企业精益求精、以熟练为荣、以小为美的日本企业家风格，折射出做企业的两种思路：追求 No. 1 还是追求 Only 1。

对比不少中国企业一做就大、一大就乱、一乱就死的现实，Only 1 追求独特的、有品位的、绝无仅有的企业定位，始终将掌握核心技术放在第一位，始终将企业控制在适度的规模，不盲目做大，虽然在绝对规模上并不大，但在每一个细分领域、局部市场上却拥有相当高的占有率和举足轻重的行业地位，是名副其实的隐形冠军。

从企业家特质看企业家精神

能工巧匠、发明家、科学家……个人特质带来的企业发展和成功，让人们联想到企业在历史长河和市场竞争中必备的文化基因。

坚韧、激情、冒险、创新和坦诚，这些个人发展和成功的要素，也就成为企业家精神的必备元素，进而成为企业文化传承的DNA。

生意人、老板、总经理、企业家，从一时的成功到长期的发展，从个人的成功到企业的传承……

一周的时间虽然短暂，但日本匠人文化带来的冲击和思考却让团友们夜不能寐。日本，这个处于东方的"西方国家"，有太多的东西值得我们借鉴。

日本企业的社会责任
——提供让消费者有安全感的产品

张　帆　零牌顾问机构管理顾问

在日本人的血液里，普遍流淌着一种不安全感。日本的企业以"社会的公器"为己任，出乎意料地认真对待消费者的不安全感——这就是它们的社会责任。孕育了这种社会责任的意识形态，也深深扎根在了日本制造产业的产品设计理念中，并最终固化于日本社会的各个产业法案。

为宣贯产品安全设计而全球奔走

我在松下电器（中国）工作时，有幸参加了由技术品质本部稻原理事主讲的课程，这门课是由松下技术品质本部主导的关于产品安全设计的研修（见图 1.4）。技术品质本部直属于松下株式会社，负责管理松下全球的品质事务。产品安全统括中心则是技术品质本部的核心组成部分，稻原理事正是这个中心的最高负责人，而她的主要工作就是带领产品安全中心的成员，奔走于松下全球的各个设计、制造基地，主导产品安全设计的宣贯。

图1.4　松下电器《产品安全设计》教材

FF 式暖风机事件——"公司对社会的背信行为"

松下对产品安全的重视度提升更多地源于 2005 年发生的暖风机事件。2005 年 1 月，日本福岛县伊南村，一名 12 岁男孩因一氧化碳中毒死亡，其父病危。2 月 23 日，长野县茅野村一对夫妇轻微一氧化碳中毒。4 月 13 日，长野县一美容院中，店主及客人一氧化碳中毒。这些事件的当事人都使用了松下电器 1985～1992 年生产销售的 FF 式暖风机（见图 1.5）。

图 1.5　1985～1992 年松下生产的 FF 式暖风机

松下于2005年4月21日召开记者会，宣布了免费修理的政策。遗憾的是，11月21日在长野县，又一名顾客死亡。12月2日，山形市又发生了检修后的该产品造成的死亡事故。当天经济产业部对松下发布了该商品全体召回的命令。

时任社长的中村邦夫将事故定性为"公司对社会的背信行为"，称绝不允许再次发生同样的事故。

召回永远也召回不了的产品

在事故发生10多年后的今天，松下仍在部署专门人员，直到确定最后一台该型号的暖风机被找到。近7万次的电视通告，1.3万次的广播，6.5亿张传单和49万张海报，以寒冷地区为中心进行了45万次挨家挨户的访问……最初的2年里，松下电器对此事件的直接投入达到249亿日元。截至2010年9月，该产品召回率达到76%。

剩下的产品在哪里？多数可能已经废弃。即便如此，松下相信，若能在垃圾堆里面找到这些产品，也要继续努力。由此，这场笔者见过的最长的、还未结束的召回，更展现出一种神圣和庄严的意义。

正是因为这种对产品安全的执着，FF式暖风机事件不但没有使松下的品牌声誉受损，反而赢得了客户的更多信赖。

产品设计者在关注环境问题

"在山林之中，臭氧的浓度为0.05～0.1ppm（百万分之一），过去城市的臭氧含量为0.005ppm。"

"近年来，由于汽车保有量增加，汽车排放的尾气中所含二氧化氮等生成臭氧，致使城市的臭氧含量高达0.1ppm。"

......

产品的设计者为了设计出长期安全耐用的产品，甚至不得不关注环境变化对产品安全的影响。橡胶，在产品设计中多用于密封等用途，一旦老化，极容易发生安全事故。FF暖风机事故的原因，是阻燃橡胶管道发生了龟裂，诱发煤油不完全燃烧，从而产生一氧化碳泄漏，并引发事故。

臭氧能加速部分橡胶制品的老化，所以如今的产品设计师开始有意识地使用耐臭氧的橡胶，以设计出让消费者感到更安心的家居产品。

法制推动，企业用良心经营

1995年7月，日本《产品责任法》实施，主要明确了消费者由于产品受到伤害时，要追加责任，但消费者无须举证缺陷的原因，这是对消费者权益的保护。随着社会的发展，明确了企业须承担社会责任。

同类事件在松下电器（中国）也有发生，"玻璃体"通常用来隔离电器外壳和电源接头，避免电流泄漏至电器表面而引起安全事故。在一段时期的技术条件下，耐电压100%测试合格的玻璃体，则可能出现一定比例的外观缺陷。

当时松下面临着两种选择：F厂家的产品，没有外观缺陷，但存在约0.1%的耐电压不良；N厂家的产品，没有耐电压的问题，但会存在约5%的外观缺陷。无论出现何种缺陷，产品都要返工，降低生产效率。

在技术和检测手段暂时未能完全升级的情况下，公司仅仅从最基本的企业良心出发，还是选择了使用N厂家的产品。

什么是最轻微的"不安全"

您可能有这样的经历，将插头插入插板的时候，发出"噼啪"声和火花。虽然不会产生电击伤，但您还是会感觉不放心吧？

稻原理事在课程上举了一个实例，日本的大多数企业通常会在其吸烟室放置一台空气净化器。一天，由于某位吸烟者的粗心大意，将还未熄灭的烟头放到了净化器的吸气口，导致内部的阻燃塑胶产生了烟和臭味。"这让人感到紧张。"即便该产品能够保证在最坏情况下也不会发生火灾，但是由于导致了消费者心理上的不安，一样也属于"不安全"，因此就要重新改进其安全设计。

直至今日，松下关停了其所有和燃气有关的产品工厂，因为他们认识到自己无法保证此类产品的绝对安全；稻原理事接下来会去另外一家公司，重复着同样的教学……日本企业看似在进行一场毫无意义的搜寻，但是他们真正走到了承担社会责任的前列。

随着中国企业和中国产品的日益全球化，这种从设计到生产再到服务各个环节对于产品安全的执着，是否应该引起我们的重视和反思呢？

窥视富士通战略转型之路

——参访富士通沼津工厂

李　煜　零牌顾问机构前高级顾问

途经富士山，大巴车沿着蜿蜒的山路前行，在穿过一片茂密的树林之后，视野一下变得开阔起来。清澈的池塘、栽满作物的农田、开阔的停车场、整齐划一的白色大楼逐渐映入眼帘。美不胜收的景色让人不敢相信这居然是一个工厂的所在地——被誉为"日本十大最美工厂之首"的富士通沼津工厂（见图1.6）。

图1.6　富士通日本沼津工厂

说到富士通，相信大家并不陌生。富士通株式会社（Fujitsū Kabushiki–gaisha）是日本排名第一的IT厂商，全球第四大IT服务公司，全球前五大服务器和PC机生产商，曾经是世界第二大企业用硬盘驱动器制造商和第四大移动硬盘制造商，是世界财富500强企业。本次赴日本富士通的研修除了参观富士通研发培训大楼和池田敏雄纪念室以外，还有幸参观了筹建之中的富士通历史展览馆，该馆是为庆祝富士通成立 80 周年而建的。参观后，对富士通的前世今生有了更加直观的了解，其战略转型的身影清晰可见。

借道"通信机"，"矿老大"变身"IT 男"

富士通的起源最早可以追溯到日本十五大财阀之一的古河财阀。古河财阀创始人古河寺兵卫于 1874 年开始从事制铜业，到 19 世纪 90 年代已经占据了日本铜产量的 40%。

1923 年 8 月，古河电气工业株式会社与德国西门子公司合作创建了富士电机制造株式会社。

1935 年 6 月，富士电机的通信和电话业务事业部分立，富士通信机制造株式会社正式成立。"通信机"在日语中就是"电话机"的意思，就是富士电机集团旗下的通信机制造企业，这就是今天的富士通。富士通创业初期资本只有 300 万日元，员工为 700 人，工厂设在川崎市中原，创业初期工厂只是几排简陋的老式厂房，直到 1938 年才具有比较像样的厂房。由于行业势头良好，富士通信机制造公司获得飞速发展，1949 年 5 月在东京证券交易所上市，1954 年资本金达到 6 亿日元。

1937 年富士通开始制造载波通信设备。20 世纪 50 年代向制造综合通信设备方向发展。1951 年成为日本第一家制造电子计算机的企业。1954 年开发出日本第一台中继式自动计算机（FACOM100）后开始跨足信息产业。由此，富士通奠定了其在日本乃至全球电子计算机行业中的龙头地位。

能否准确捕捉到社会发展趋势，及时抓住机遇，调整企业战略以顺应时代变化是企业能否成功转型的关键。企业转型的本质在于能否在老的行业衰退期到来前，及时抓住新兴产业，跨越"死亡谷"。所有企业都会面对行业生命周期这一问题，柯达没有跟上数码相机的浪潮而倒闭，诺基亚因为忽视智能手机市场而险遭淘汰。反观这些我们耳闻目睹的鲜活案例，可以说，富士通是一个很好的正面教材。它的成功，很大一部分取决于抓住了"通信机"和"电子计算机"这两大划时代的核心产品，以及由单纯硬件制造到服务型制造的转变。

从"硬件工厂"到"人才工厂"

富士通除了卖计算机硬件，还卖配套的服务。随着富士通海外市场的拓展，计算机的硬件生产随之外迁。建立于1976年的沼津工厂目前已经不再生产计算机硬件设备，取而代之的是计算机的性能测试、软件开发和人才培养这三项主要事业。另外，沼津工厂还担任着富士通全球服务器的角色，所有的后台数据在这里进行集中处理、存储和发送，可谓是富士通的"大脑中枢"。在这些新的事业当中，人才培养显得尤为突出，因为它是支撑硬件开发和软件服务的源泉。在参观过程中我们发现，富士通大楼中一半楼层的房间都被用作了培训，而学员除了富士通的员工，还有客户。富士通除了销售计算机硬件，还提供配套的培训服务，以便客户能有效地使用这些硬件设施。在提高客户满意度的同时，稳固了客户关系，也提高了服务的附加价值。

富士通的人才培养体系分三大模块：战略研修、层级研修和技术研修。

战略研修包含企业新型战略研讨和新一代领导人培养两部分课程。公司会聘请国内外一流的行业专家给学员授课，紧密围绕企业未来发展方向，组织学员参与企业战略制定。通过参与研讨，来发现和培养企业未来的接班人。

层级研修包含部长、课长、主管和新入职的员工。这一部分培训主要是针对不同层级的工作特性和管理要求展开，旨在提升现有管理人员的管理、技术水平。比如部长级的干部侧重于企业经营、课长级的干部侧重于部门管理、主管级干部侧重于团队建设和工作开展，而新入职员工培训着重帮助员工更快地融入企业。另外，每年新晋升的管理人员也都会来这里参加研修，以便更好地适应新岗位的工作要求。

技术研修则是偏向于应用方面，内容包含软件架构设计、通用技能以及维修技能的培训，涵盖了计算机的系统、软件和硬件三个方面。通过课堂讲授、模拟练习和实操演练等，教会员工掌握计算机原理、技术和维修方法。

人才培养让富士通的硬件如虎添翼。在参观过程中我们近距离接触的是银行设备的维修培训区。值得一提的是，富士通对内部维修人员的培训，除了维修技术方面的内容以外，还培训员工如何在维修过程中保持良好的个人形象和现场秩序。富士通认为维修人员的个人形象会影响银行在客户心中的形象，由此可见，富士通的服务意识不仅停留在客户这一端，而且延伸到了客户的客户。

从"卖计算机"到"卖菜"

目前，富士通除了传统的计算机行业，也在做一些新的尝试，比如绿色生态社区。文章一开始提到富士通之所以能成为"日本十大最美工厂之首"，凭借的就是一套完善的资源循环系统，借助这套系统，沼津工厂实现了废水完全回收利用，电力大部分自给自足。除此之外，富士通还在空余的地方开辟了茶园和蔬菜种植基地，定期组织采摘，宣传资源循环的环保理念。

如果说上述做法很多企业都在做的话，那么富士通接下来"卖菜"的举动肯定会让你大吃一惊。那就是富士通在工厂中利用一个曾用于制造芯片的无尘车间种植生菜，建设所谓的植物工厂。就是在封闭环境下，对光、温度、湿度、二氧化碳浓度、水分和养分等进行全程控制的栽培技术。其最大特点是不受气候影响，以及对水和土地的高效集约利用，产量可达自然栽培的 100 倍，用水量却不到 1%。植物工厂还可以根据需要对蔬菜瓜果的营养成分进行调整，比如富士通生产的低钾生菜主要供应当地医院的肾病患者，资生堂下属的植物工厂专门培养携带抗体的蔬菜，用于化妆品和药品。据日本农林水产省网站介绍，"工厂蔬菜"和自然栽培的蔬菜在口味上相差无几，甚至更优。

现在，富士通每天销售 3500 棵生菜，如果销售情况良好，2016 年富士通蔬菜销售额将达 400 万美元。虽然富士通的植物工厂还远未形成规模，但是从中可以看出富士通对环保的另一种理念和行动。在能源逐渐紧缺的当下，这会不会是富士通的下一个"通信机"呢？我们拭目以待。

障碍人士托起生活的太阳

——参访欧姆龙京都太阳株式会社之后的思考

赵雅君　零牌顾问机构高级营销顾问

提起欧姆龙，很多人都会联想到血压计等医疗器械。2013 年 11 月，我们中国企业家访日研修团一行 20 人来到日本京都城南的欧姆龙京都太阳株式会社（以下简称"欧姆龙京都太阳社"），和欧姆龙来了一次亲密接触，对欧姆龙有了一次全新的认识。

社会责任：不仅仅是"轮椅上的工厂"

接待我们的用田竹司先生是一位 40 岁左右的中年男人，他笑容灿烂、充满阳光，坐在轮椅上飞快地给我们引路、讲解，从一楼到三楼，从容自如，毫无障碍。

在日本，为了显示对残疾人士的尊重，称躯体功能不全的残疾人为"障碍者"或"障碍人士"。据用田先生介绍：欧姆龙京都太阳社共有员工 171 人，其中 122 人是障碍者，障碍者中 87 人是高度残疾。因为有像用田先生这样的行走障碍者，外界又称欧姆龙京都太阳社为"轮椅上的工厂"。

这是一家专门为障碍者设立的特殊工厂，是欧姆龙集团于 1985 年创办的第二家福利工厂。实际上，在欧姆龙京都太阳社，除了行走障碍者，还有手部、听力和视力等数十种障碍员工，欧姆龙太阳社其实不仅仅是"轮椅上的工厂"。

企业是社会的公器：从"欧姆龙太阳"到"本田太阳"

　　按照日本法律，企业应该按照员工总数 2% 的比率雇用障碍者。为了使障碍者更顺利、更舒适地工作，早在 1972 年，欧姆龙集团就与社会福利法人太阳之家共同建立了第一家福利工厂——欧姆龙太阳电机株式会社（现称欧姆龙太阳株式会社），将民间企业、福利设施和障碍者联合起来创办工厂，当时可能是世界上第一次尝试，太阳之家与欧姆龙公司成为日本残疾人福利工厂的首创者。

　　太阳之家的创办者中村裕先生是一位外科医生，1927 年生于日本大分县别府市，从九州大学医学部毕业后进入九州大学整形外科局，长期的医学复健研究使中村裕渐渐形成一种认识：对障碍者不应只是保护，从事工作、自立生活才是他们最需要的。"身心的障碍不妨碍出色的工作"，在这一理念的驱使下，中村裕博士于 1965 年设立了太阳之家，立志为障碍者就业而努力。

　　"授人以鱼不如授人以渔"，中村裕博士前往众多企业游说，希望创造提供身体障碍者工作的场所，但几年的奔走并无结果——当时，许多健全的人还找不到工作。1971 年，欧姆龙公司的创立者立石一真先生接受中村裕博士的建议，决定建造专门工厂用于帮助重度身体障碍者回归社会，并为营运提供帮助。

　　当时正值美元冲击对日本经济造成沉重打击，立石先生在非常困难的时期做出的这一决定，不但体现了企业家勇于挑战的精神，更体现了企业和企业家对社会责任的承担。

　　欧姆龙太阳开创了日本太阳事业的新时代，自"欧姆龙太阳"之后，又出现了"索尼太阳"、"本田太阳"等，"企业是社会的公器"这一经营理念日益深刻地成为企业的经营准则之一，日本企业在更高的层次和更广的范围承担着社会责任。

人性化设计，超高的生产效率

躯体功能不全，却能像平常人一样工作，生产出的高质量产品销往世界各地。"中国销售的欧姆龙血压计也是这里生产的！"用田先生不无骄傲地介绍说。由于相当多的中国消费者喜欢"日本制造"，京都工厂生产的相关产品有一部分专供中国。

可是，作业员工要么腿脚不便，要么五指不全，要么有听力障碍……在这种情况下组织生产，不但要保证产品质量，还要做到准时交货，如何做到这一点呢？

原来，欧姆龙公司的生产技术人员在新产品量产前，都要在线体布局、作业配置、工装夹具和作业标准等方面根据障碍员工的困难进行专门的设计，不但方便员工做到"多、快、好、省"，还要通过充分的防错设计来保证作业安全和产品质量。

工业工程技术在这里被运用到极致。用田先生介绍说，近30年来，欧姆龙京都太阳社的生产效率和质量水平一直与其他兄弟工厂保持在同一层次，障碍员工尚且能达到这么高的水平，这样的生产设计用于正常员工则更容易保证。

笔者特别注意到，欧姆龙太阳社2013年度的经营方针为"确立最适合的多品种小批量生产体制"。实际上，多品种小批量的订单特点对企业应变弹性提出了极高的要求，全球制造型企业都为此头疼不已，在生产现场，我们看到欧姆龙太阳社采用单元式生产（CELL，又称"细胞式生产"）进行对应，运用小型化、功能化和专业化的设备，当工艺有变化时马上就能调整为新的生产单元，这就要求员工必须掌握多项技能，对于障碍人士来说实在不容易，但欧姆龙太阳社做到了，在极大限度上满足了订单多变、多品种小批量的客户需求。

多数障碍员工平时吃住都在工厂。为保证残障人士的正常工作和生活，无论是厂区、宿舍还是食堂，无论是电梯、货梯还是安全通道，四层的生产车间和五层的宿舍，所有障碍员工都能够无障碍地工作和生活。

可以说，欧姆龙太阳社是欧姆龙集团一个极其苛刻的试验场，却成就了欧姆龙集团的全球优势。

从 -1 到 +1，障碍人士托起生活的太阳

人们普遍下意识地认为，帮助障碍人士做到不给人添麻烦、不增加负担就可以了，如果能做到自食其力则非常圆满。在日本，这也是大多数人的认识。

太阳之家则不这么认为。中村裕博士的理念是：障碍者能够做到和正常人一样创造价值、贡献社会，太阳之家的责任就是帮助障碍者实现这一目标。可以说，欧姆龙太阳社就是这一理念的卓越实践。

秉承欧姆龙集团"发挥挑战精神、创造社会需求、尊重人性"的经营理念，欧姆龙太阳社竭尽全力创造条件，帮助障碍员工通过适应性训练满足生产需要，更能发挥自己的聪明才智不断改进生产效率和产品质量。"员工是企业经营的主体。"为了能用机械弥补障碍者失去的身体机能，最大限度地发挥他们的剩余能力，障碍员工自主参与作业改善，开发了多种特殊设备和辅助工具，还研究出许多凝聚众人智慧的制造方法。

有一个工序的作业内容是涂润滑剂，因为单靠一只手拿注射器不能作业，所以过去有上肢残疾的员工就不能做这项工作，现在，他们发明了一种只需按下按钮就可涂润滑剂的设备，只有一只手的员工也能做这项工作。还有一种特殊的设备可以轻易地把塑料袋的封口打开，借助它，手指使不上劲的人也可把细小的零件放进袋子里。用田先生说，由于全员参与、巧妙构思，这些特殊设备和辅助工具的开发只花了很少的钱。

有残障，不放弃，通过细致自动化技术弥补身体机能的不足，充分运用健全功能，这便是我们对"制造"的态度，欧姆龙京都太阳社的北村满社长这样说。

大量小改善和大革新不但为企业创造了可观的效益，更重要的是让障碍人士体验到了生命的存在感和成就感，这在极大程度上建立了他们的自信，对于障碍人士的心理健康有

着其他手段难以替代的积极作用。

从植物生长过程感受生命的喜悦。根据中村裕博士的研究，种植对于障碍者的身心健康有着明显的康复作用。为此，欧姆龙京都太阳社的园林绿化全部由员工负责，还专门开辟了菜园，员工种植的蔬菜瓜果全部供应食堂。在考察交流行将结束时，有团友惊喜地发现厂区一的猕猴桃架上结满了累累果实，"猕猴桃竟然是长在藤上的！"这一发现令所有的团友欢呼雀跃，争相留影。

历经多年的培养和努力，不少障碍员工已经从生产一线转到管理一线，多位员工还成长为企业的中层干部。从现场员工有礼有节、自信专注的表现，从用田先生爽朗简洁的接待，从日式风格的五星级厂区，我们深深感受到欧姆龙京都太阳社真正在激发生命、创造活力，诸多障碍人士正在和正常人一样享受生命的过程，弘扬生命的意义，他们真正从－1迈上了＋1，他们是真正的成功者。

从社会责任到全球使命

北村满社长介绍说：欧姆龙京都社有两个使命：一是向全世界提供质量安全的产品；二是利用欧姆龙集团40多年开办福利工厂的经验，促进其他企业福利工厂的建设。欧姆龙京都社已经成为这一领域的全球标杆工厂，每年来这里参观的人员由之前的1600人左右上升到2013年的2700人左右，其中30%来自日本之外的世界各地。

一直以来，欧姆龙京都太阳社都是直接接受母公司欧姆龙的生产计划和原材料，再将生产的完成品入库到欧姆龙，也就是一个纯粹的生产中心（成本中心）。应对制造工厂转移到中国的全球趋势，为了提高福利工厂的生产价值，从2005年开始，欧姆龙京都太阳社改变了这种运营方式，转为从全世界接受订货，自主采购原料，加工后再销售出去，也就是说，欧姆龙京都太阳社已经面向全世界市场，对产品负全部责任，成为真正意义上的经营中心（利润中心）。

这种转变不仅是挑战，对残疾员工的全面发展也有积极意义。"这刺激了全体员工特别是障碍者的自立，如设计、应用电脑、接待客户的咨询等一连串工作都由他们独立完成，同时也提高了工厂的生产价值。"北村社长说，目前公司自主开发的产品占一半以上，已经连续 24 个月生产自己开发的产品，还没有遇到一次质量投诉。

"欢迎来自中国的企业家研修团！""希望弊公司的实践对中国的障碍者事业有所借鉴。"用田先生和北村总经理的坦荡表达令所有团友倍感真诚。确实，国家利益之外还有人民友谊。

本次日本之行的主题是"企业家精神"，看过了欧姆龙京都太阳社的过去和现在，团友们对企业、社会责任、企业家精神有了一个全新的认识。日本归来，思绪不断，思考还在继续。

以色列：战争环境中的企业经营

——《塔木德》与以色列企业的商道智慧

祖　林　零牌顾问机构首席顾问

"世界的金钱装在犹太人的口袋里，犹太人的金钱装在自己的脑袋里。"

不小心发现以色列

国土面积不足 1.5 万平方公里，2/3 被沙漠覆盖，人口仅 810 万人，人均 GDP 却超过 3 万美元；占世界人口的 0.2%，却拥有 15.47% 的诺贝尔奖获奖比例，堪称诺贝尔奖获得者的摇篮。富有科学智慧的犹太民族在科技界、政界、思想界、学术界和经济界的卓越贡献足以让其他民族汗颜。

一次与以色列裔美国企业家的交流，让笔者不经意间关注以色列这个"弹丸小国"。一次全球跨界研修课程，让笔者有机会深入以色列这个经济强国。

"世界的金钱装在犹太人的口袋里，犹太人的金钱装在自己的脑袋里。"战争与经营并存，危机感催生创新力，弹丸之地的以色列如何蜕变为"世界上最小的超级大国"？宗教与经济，民族与战争，教育与科技……似乎有太多的谜团吸引我们去求解。

战争是国家常态

有的角落祥和宁静，有的地方热闹活跃、生机勃勃。12月的金黄阳光下，中东之国以色列好像一个完全与战火、纷争脱离了干系的正常国度——犹如你只是在以色列中西部的政治首都耶路撒冷和经济中心特拉维夫之间穿行。

数千年来，犹太民族颠沛流离、多灾多难，现代意义上的以色列国却是1948年在巴勒斯坦土地上建立的，由此，以色列与巴勒斯坦、埃及和叙利亚等国家陷入了无休止的冲突当中，分别于1948年、1956年、1967年、1973年和1982年爆发了五次中东战争，直至今日，巴以冲突仍接连不断，战争是国家常态。

冲突必然带来混乱，然而，就是在这样的环境当中，百姓要吃饭，国家要发展，企业要经营。战争与经营并存，危机感催生创新力，也许是习以为常吧，以色列人见怪不怪，人们习惯了这样的生活，企业习惯了在战争状态下经营，一切井然有序，甚至还造就了以色列企业抵御危机能力、应变能力和创新精神。

前特种兵玩转高科技

有这样一个案例：以色列退伍老兵坎培尔在美国马萨诸塞州创办了存储公司 Diligent，将备份数据存储到磁盘上，用创新的方式删除冗余数据，感受到威胁的 IBM 在2008年终于找上门来，甩出2亿美元收购了这家公司。据知情人士透露，在 IBM 内部，Diligent 被认为是收购过的"最好的一家小公司"。

Diligent 被收购后，坎培尔在 IBM 工作期间产生了一个灵感：在一台机器上运行多个操作系统，以改善数据存储和传输时出现的杂乱状态。这一创意却遭到技术部门的极力反对，于是，不懂得放弃的坎培尔拿出自己的积蓄，创建了 SimpliVity 公司。如今，这家仅有 90 名员工的小公司在为众多的世界级 IT 企业提供 IT 服务。

"从我在部队服役起，'一切皆有可能'的观念就在我心中打下了烙印。" 49 岁的坎培尔曾经幸运地进入总参谋部侦搜队，在一次导弹发射失误事故中幸存，退伍后辗转进入哈佛大学商学院，在以色列和美国的企业之间往返经营。

总参谋部侦搜队最引以自豪的地方也在于更强调智能而不是体能，要求队员在规定时间内掌握从未接触过的技术和知识。在这支特种部队里，坎培尔的工作方式更像是一位初创公司的创始人，需要承担各种复杂而风险巨大的任务，每一项任务都与下一项不同，都需要精心策划和创新。而这些，也是创办企业需要的素质。

诸如创新、不强调等级观念和资本密集等特点，在坎培尔看来，对于特种部队和 IT 初创公司同样重要。"那（在侦搜队工作）是一份带有创业元素的差事，当你命悬一线时就必须做到尽善尽美。"

坎培尔的故事，让外界得以一窥以色列最优秀的特种部队——总参谋部侦搜队神秘而颇具企业家精神的文化内幕。人们也可以从中体会仅有几百万人口的以色列如何成了高科技玩家。

犹太商业智慧

犹太民族是世界历史上最会经商的民族。他们四处流散、备受迫害，却一次又一次地以"富人"的形象出现。历史上，这个忐忑不安地穿行在驱逐令和火刑柱中的民族，却好像是天然优良的造币机器。历代统治者排斥它、剥夺它，但在经济困境中又不得不依赖它。这是为什么？这个长期以来没有土地、没有国家的边缘民族，崛起在世界民族之林，成为一股不可忽视的经济力量……

历史的千锤百炼铸就了坚强的犹太民族，抱团凝聚、信仰重教，精于理财、崇智思辨，犹太民族以自己的沉默和顽强存在于这个世界。

创建于 1909 年的特拉维夫市是以色列最国际化的经济中心、"硅溪"心脏，因其活跃、摩登、世界主义的特征，被公认为以色列的文化之都，以包豪斯建筑著称的白城被联合国教科文组织列为世界遗产。

战争与经营并存，危机感催生创新力，如今，长期处于暴力攻击和恐怖活动中心的特拉维夫已成为新兴的世界级城市。

这个苦难的民族，在多年的战乱动荡中，在长期的漂泊迁徙中，在饥饿和苦难、杀戮和欺侮的磨难中，他们始终坚持自己的信仰，在逆境中砥砺发奋，顽强发展，不仅没有倒下，竟还奇迹般地在科技、军事、教育、现代农业等领域获得举世瞩目的巨大成就。

这个仅有 1000 多万人口的民族，涌现出了一大批伟大人物：爱因斯坦、弗洛伊德、海涅、拉斐尔、季诺维耶夫、卓别林、洛克菲勒、索罗斯……这个民族和这些伟人为世界文明做出了杰出贡献。

一般人只知道犹太民族善于经商，殊不知犹太民族特别重视教育，他们把学习作为终生的使命，重智慧胜于重金钱。

创业精神与创业者国度

资源贫瘠又十分富有，过去与未来、东方与西方、战争与和平、宗教信仰与现代进步、神秘主义与专家治国——在矛盾的冲突和平衡中发展起来的以色列孕育出怎样的企业家精神？特拉维夫大学经管学院的资深教授将与您专题分享、直面碰撞。

富有韧性的以色列是全球公认的创业者国度，其新兴公司甚至比加拿大、日本、中国、印度、英国等大国都多，持续的国家危机却使以色列成为全民最佳的能力培养场，化外部不利为内部动力，高度创意、承担风险、直面失败……以色列在纳斯达克上市的公司数量仅次于美国。

《塔木德》：以色列人创造力的源泉

"《塔木德》是犹太创造力的脊梁。"如果把《圣经》看作犹太智慧的基石的话，那么《塔木德》便是撑起整座大厦的巨柱。

《塔木德》（Talmūdh）是犹太人生活规范的重要书籍，成书于2世纪末~6世纪初，是犹太教有关律法条例、传统习俗、祭祀礼仪的论著和注疏的汇集，在犹太世界是地位仅次于《圣经》的典籍，至今已流传3300多年，是犹太人终身研读的人生盛典。

以色列人极为保守又极具创新精神。保守，是因为《塔木德》规定了极为严苛的宗教教义，613条戒律使人们丧失许多自由；创新，却又体现在以色列人无处不在的思维突破和技术超越，《塔木德》在规范日常行为的同时，却赋予人们无穷的智慧，古老原始的犹太教在世界文明进程中起到了举足轻重的作用。

"在密不透风的房间自由出入"，也许《塔木德》的思维方式最出色之处就在于保守与创新完美的和谐共存。如果一个人被关进了一个密不透风的房间，那么保守思维者会在这个房间里摸黑生活一辈子；与之相反的另一极端是破坏性思维者，他们会把这个房间拆成平地。《塔木德》的创新思维奇迹般地同时兼有两者的特性：既保留整座房子完好无损，又能找到一条自由出入的途径；而且在历尽千辛万苦找到出路之后又修一堵墙把它封起来，逼着自己另外去找个解决方案，并不断重复这一过程。

《圣经》规定安息日不许工作，以色列人便有了"安息日的墨水"；"在一个密不透风的房间自由出入"，"平行逻辑"给《塔木德》思维的保守创新之争创造了宽松的环境……"有所守方能有所攻"、"有所不为方能有所作为"乃是这种思维的基本原则。《塔木德》的思维之谜至今并未彻底解开，各路学者都不得不承认：《塔木德》是一种出色的创造思维训练方式。

《塔木德》渗透到以色列人日常生活的方方面面，《塔木德》深入以色列人的心灵和骨髓。确实，离开了对《塔木德》的深入理解，便很难从文化根源的角度去理解现代犹太人在科技、经济、艺术等领域所爆发出来的惊人的持续创造力。

6000 年历史沧桑，18 次死而复兴，三教圣地耶路撒冷饱经兴衰荣辱，多文化多民族融合，既保守又世俗，既古老又现代，见证了宗教的传承、延盛和信仰的力量。

中国企业突围：服务型制造

祖　林　零牌顾问机构首席顾问

在全球经济一体化过程中，中国企业利用阶段性的比较优势抓住了制造机会，成为"全球工厂"，"中国制造"一度成为国家竞争力的代名词。

随着国际环境、市场环境和国家间竞争态势的巨大变化，客户、政府和社会对企业的社会责任提出更高的要求，面对市场壁垒消除之后出现的技术壁垒、环保壁垒和社会责任壁垒，中国的比较优势逐步丧失，中国制造企业面临前所未有的经营压力，曾经轰轰烈烈、欣欣向荣的制造业顿成"鸡肋"——那个吆喝一群员工就能赚大钱的时代已经一去不复返了。

一、从微笑曲线看纯制造企业的困境

1992 年，台湾宏基集团创办人施振荣先生为了"再造宏基"而提出著名的微笑曲线（又称施氏"产业微笑曲线"，见图 1.7），并将之作为宏基的策略方向。微笑曲线对中国台湾各产业的中长期发展提供了策略方向，对中国台湾制造业转型产生了积极的影响。

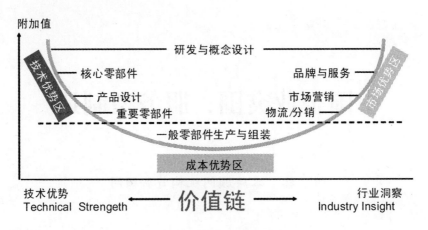

图1.7　服务型制造的微笑曲线

微笑曲线形象地展示了产业竞争型态，在附加价值的指导下，企业体只有不断往附加价值高的方向移动与定位，才能持续发展与永续经营。

从图1.7可以看出，价值链的左端是技术优势区，包括研发与概念设计、核心零部件生产、产品设计和重要零部件生产，有很高的附加价值。

价值链的中间是成本优势区，主要是一般零部件的生产与组装，其附加价值比较低。

价值链的右端是市场优势区，包括研发与概念设计、品牌与服务、市场营销和物流/分销。

承接来料加工、贴牌生产的中国企业大部分处于价值链的底部，主要靠低成本优势创造价值，赚取的是廉价的加工费。

可是，由于资源的有限性和不可再生性，各种生产要素的价格快速攀升；客户、政府和企业对企业社会责任和环境保护的要求越来越高；随着全球化和经济水平提高带来的价值观变化，特别是以"80后"为代表的新生代员工上岗，员工群体不再只有工资福利的需求。因此，中国企业的低成本优势逐步丧失，习惯于低价竞争的中国企业不再有底气，很多企业也不满足于赚取辛苦费。

这就是大多数中国企业的困境。究其原因，"两头在外"是根本：没有掌握核心技术、没有研发创新能力、没有掌握市场、没有品牌——纯制造是低附加价值的根本原因。

二、服务型制造：企业转型升级的必由之路

近几年，中国政府一直在大力倡导企业转型升级。国家主导的方向是：发展世界先进制造业，构建现代服务业体系。

广东省政府对于珠三角战略的定位是：世界先进制造业和现代服务业基地，建设以现代服务业和先进制造业双轮驱动的主体产业群。

"打造若干规模和水平居世界前列的先进制造产业基地，培育一批具有国际竞争力的世界级企业和品牌，发展与中国香港国际金融中心相配套的现代服务业体系，建设与中国港澳地区错位发展的航运、物流、贸易、会展、旅游和创新中心。"（《南方日报》2008 年12 月 30 日）

运用先进制造技术，迈向先进制造业

面对日本制造业的强烈冲击，根据本国制造业面临的挑战和机遇，为增强制造业的竞争力和促进国家经济增长，1993 年，美国政府批准了由联邦科学、工程与技术协调委员会（FCCSET）主持并实施的先进制造技术计划（Advanced Manufacturing Technology，AMT）的计划。

中国政府对 AMT 计划非常重视，1995 年即将其列入为提高工业质量及效益的重点开发推广项目，该技术广涉信息、机械、电子、材料、能源、管理等方面的知识。AMT 计划对推动国民经济的发展有着重要的作用。

方向是明确的，前途是光明的，可是，国家层面的产业升级策略重点放在在事关国家竞争力的产业领域，对于大多数传统制造企业而言，迈向先进制造业的路又在哪里呢？

服务型制造是企业转型升级的必由之路

其实，国家倡导的产业升级方向为所有企业指明了一个共同的方向，将本企业的实际情况与迈向先进制造业的思路相结合，就可以找到具体的实现路径。

先进制造业的显著特点是技术集成、系统集成、信息集成。换言之，先进制造业不是简单制造、不是纯制造。从集成的角度考虑企业的转型升级之路，先进制造业的特点就是服务型制造：不只是向客户提供硬件产品，还要提供一系列服务，如研发、安装、维护、售后服务、技术支持等。

要实现转型升级，企业务必在微笑曲线中由成本优势区向技术优势区和市场优势区延伸——最终实现服务型制造。

服务经济是后工业时代的主要特征

从 20 世纪 70 年代到 2000 年，服务业在 OECD（经济合作与发展组织）国家 GDP 中的比重从 15% 上升到 30%；20 世纪中后期，发达国家实现了从"产品经济"到"服务经济"的转变。

制造企业的服务化趋势越来越明显：全球 EMS（工程、制造、服务）蓬勃发展，用户由购买产品变为购买效用，企业由纯产品供应到集成产品服务系统的巨大转变，由物理产品/服务供应商演变成综合性系统解决方案供应商——服务型制造是现代制造业最重要的特征。

三、服务型制造的特征

服务型制造：制造业和服务业融合发展的新模式

什么是服务型制造？服务型制造是为了实现制造价值链中各利益相关者的价值增值，通过产品和服务的融合、客户全程参与、企业相互提供生产性服务和服务性生产，实现分散化制造资源的整合和各自核心竞争力的高度协同，达到高效创新的一种制造模式。

服务型制造的特点是：

· 面向生产的服务。

· 面向服务的生产。

· 顾客成为"合作生产者"。

· 自发形成和高度协同的服务型制造网络。

· 基于制造的服务，为服务的制造。

迈向服务型制造：提高服务比重和服务价值

有学者分析发现，在服务型制造中，生产所创造的价值约占1/3，服务所创造的价值约占2/3；而在完整的交货周期中，纯生产所花的时间仅占1/10，而服务过程占9/10。

认识到服务也是制造的一部分，服务是有价值的，企业就应该提高销售中的服务比重和服务价值——面向服务的生产、面向生产的服务，这是迈向服务型制造的重要切入点。

自然，企业就要为迈向服务型制造创造条件。

四、服务型制造的条件

系统和软件成为主角既是现代产品研发的重要特征，也是现代企业运营的重要特征。

纯制造企业只能向客户提供硬件产品，要迈向服务型制造，企业必须拥有全面满足客户需求的系统能力——综合方案解决能力是服务型制造的必备条件（见图1.8）。

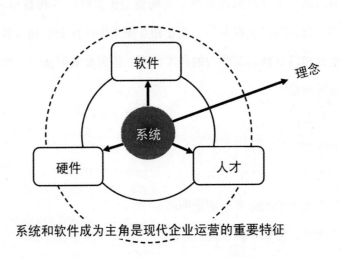

系统和软件成为主角是现代企业运营的重要特征

图1.8　综合方案解决能力是服务型制造的必备条件

服务型制造：理念先行

环保和健康的竞争是最高层次的竞争。美国AMT计划即将"促进具有环境意识的制造"列为重要目标。可见，要实现可持续发展和服务型制造，环保和健康的理念必须融入企业的价值观、经营理念和企业运营当中。

具体到客户服务，根据客户需求、结合行业发展趋势和技术创新方向，开发出实现客户所需的功能效用、符合环保节能和健康理念、符合技术法规、善尽社会责任的系统、软件和产品，并将相应理念贯穿在整个服务过程中。

企业的经营理念、服务理念和产品设计理念只有与人类的整体利益相一致、符合代表社会进步的发展趋势，企业才能健康地可持续发展。

服务型制造：掌握系统和软件开发能力

2009 年 5 月 12 日，东京大学名誉教授木村英纪在日本《经济学人》周刊发表了《日本亟须改变技术发展模式》的文章，宣布了一个在产品研发方面极为重要的变化："理论、系统和软件构成三位一体，体现了一般化的发展趋势，主角由硬件变成了软件。"

木村英纪写道："机械变得越来越复杂的同时，人们开始重视连接机械的系统这一无形技术。在操控系统上，机械与机械、机械与人之间的通信不可缺少。因此，必须通俗易懂地将系统的功能、结构和性能表现出来。心领神会是行不通的。在复杂的系统设计上，软件的作用至关重要。"轻视系统和软件的传统思维是非常危险的！令人遗憾的是，日本技术最薄弱的正是理论、系统和软件，他大声疾呼："日本亟须改变技术发展模式！"

可见，只有掌握系统和软件开发能力，让系统和软件唱主角，硬件成为系统的组成部分、在软件控制下发挥作用，才能真正形成综合方案解决能力，当企业具备这种能力的时候，硬件的制造则可以根据其附加价值和企业自身能力，选择自主生产、贴牌生产或产品整合。

服务型制造：从 OEM 到 ODM 到 OBM

企业发展必经三个层次：OEM（原始产品制造商）、ODM（原始设计制造商）和 OBM（原始品牌提供商）。

企业要构建综合方案解决能力，仅仅掌握一般的产品开发技术是不够的，必须掌握核心技术，而且具备技术集成和系统集成能力，其中，软件能力是至关重要的条件。

利用纯制造带来的市场机会，开发核心技术、构建创新能力，实现从 OEM 向 ODM 的转变，企业才能实现由成本优势向技术优势的蜕变。

企业要构建综合方案解决能力，仅仅建立自己的销售能力是不够的，关键是要建立自己的品牌：不但要建立自己的营销系统、通过营销策略扩大销量、提高知名度，更要抓住为客户服务的每一次机会，用独特的客户体验和客户未敢期待的"迷人"品质感动客户，加强品牌的美誉度和忠诚度——当企业培育出区域性甚至是世界级的品牌，实现从 ODM 向 OBM 的转变，企业才能实现由成本优势向市场优势蜕变。

五、服务型制造的标志

综观国际化的百年企业，从早期集销售、研发和生产于一体，到 20 世纪后叶区分出 OEM、ODM 和 OBM，通过国际化分工，实现服务型制造，这是它们的共同特征。

惠普：从卖打印机到打印环境管理

惠普打印机事业部不仅向客户提供节能、环保、健康的打印机，同时向客户提供打印环境管理服务（文印外包），客户每个月都会从惠普得到一份报告：公司在一个月内使用了多少张纸，其中 A3 纸、A4 纸多少张、黑白和彩色的比例是多少，具体到每个部门的使用状况，并据此提出打印机配置建议。

惠普 IPG 集团副总裁钱越介绍说："拿到这个报告后，我们会和客户签订一个合同：黑白的多少钱一张，彩色的多少钱一张。"

"对客户来讲，这是节省成本的事情，原来公司内部有一批人去做这些事情，效率没那么高；惠普同样的一批人在做，效率却很高，所以这个实际上是为客户省钱了。"

为了帮助客户省钱，2009 年 4 月惠普开始向客户全力推广 A4 多功能一体机，丝毫不惧自己的 A3 复合机会受到冲击。

究其原因，惠普打印及成像系统集团市场开发经理王国涛女士拿出了 MPA International 研究公司的调查数据：企业 A3 复合机的使用率普遍低于 6%，这意味着企业员工使用 100 次打印机，用到 A3 纸的次数不到 6 次。从办公用纸销售渠道获取的信息也印证了这一点：A3 纸的销量不及 A4 纸的 10%。惠普直截了当地告诉客户：你们并不一定需要买 A3 纸。

在 2009 年"两会"期间，政协委员缪寿良呼吁全社会关注文印输出浪费的问题，他不但指出，"一般情况下 A3 的功能很少用到，用 A4 就足够了"，而且还算了一笔账：如果用 A4 一体机代替 A3 复合机，五年就可以为国家省出 100 亿元。

从边边角角里省出的 100 亿元，让惠普发出了"A4 多功能一体机取代 A3"的革命式宣言！从 A3 到 A4——一张纸掀起一场革命。

前瞻性地平衡行业利润、客户需求和未来发展，游刃有余的惠普获得了丰厚的市场回报：尽管"金融海啸"使惠普受到了一定冲击：在 2007 年 A4 多功能一体机整个市场的增长是 34% 的时候，惠普增长 76%；2008 年增长率下滑到 23% 的时候，惠普的实际增长是 46%，也远远超过整个市场的增长；直到 2009 年第一季度，惠普的增长基本上数倍于其他品牌市场增长的总和。

打印机可以让别人为自己贴牌生产，从市场策略、打印系统集成和管理到文印外包必须自己做——主动承担社会责任、为客户省钱，使惠普摆脱了卖打印机的低层次竞争。

服务型制造的标志

虽然没有严谨的定量分析依据，我们建议将"服务型收入占销售收入的 30% 以上"作为服务型制造的标志，有利于促进企业从战略高度由纯制造加速向服务性制造转型。

企业务必战略性地思考：从卖产品到卖服务，服务性收入从何而来？如何构建向客户提供集系统、软件、硬件和人才于一体的综合解决方案，从而提高对客户的附加价值、获得更大的市场回报？

那个吆喝一群员工就能赚大钱的时代已经一去不复返了。要摆脱赚加工费的经营困境，服务性制造为中国企业突围打开了一扇未来之门。

吹响向质量效益型迈步的号角

燕山钢铁 CLP 全球跨界学习

祖　林　零牌顾问机构首席顾问

十年创业风雨路，唐山燕山钢铁有限公司（以下简称"燕山钢铁"）实现了跨越式发展，面对新一轮的行业性低迷，悄然启动冬季练兵行动，导入案例管理和项目管理以推动管理升级，加强产品开发和降成本作战，迈开了战略转型的新步伐。

由规模扩张型发展向品牌效益型发展转型

前十年，燕山钢铁走的是规模扩张型发展道路。

规模扩张型发展就是做大

在一个特定的阶段，企业抓住市场机会快速扩大规模，扩大市场覆盖，做到快速发展。当规模和增长速度达到一定程度时，受企业管理半径和资源的制约，企业效益将受到制约；当市场环境发生巨大变化，特别是市场由繁荣转入低迷时，规模扩张不再支撑快速发展，企业务必转变发展模式。

未来的十年，燕山钢铁要走的是品牌效益型发展道路。

品牌效益型发展就是做强

为什么品牌可以带来效益？

传统的市场定价机制有两种：一种是成本要素定价，另一种是品牌溢价。前者是基于产品成本，考虑以合理利润确定销售价格，这在一个正常竞争的市场，客户是能够接受的；后者的定价则与产品成本无关，是由产品的品牌决定的，其价格可能是产品成本的若干倍，同样的产品贴上不同的品牌，其价格也可能相差若干倍——品牌溢价是品牌附加价值的直接反映：奢侈品牌手表在大众心中隐含了身份、地位和财富认知，开奔驰和比亚迪去谈生意其效果也不同。

显然，锻造企业高端品牌、实现品牌溢价，这是企业往高层次发展的必由路径。

锻造精品质量，实现客户满意

品牌效益型发展就是要通过质量上档次达到产品上档次，推动客户升级和市场升级，实现企业转型升级。

品牌的核心就是精品质量

品牌有六大要素：独特的客户体验（满足客户的消费偏好）、超高的让渡价值、高度的可靠性、高度的符合性、高度的一致性和高度的稳定性。

这六大要素无一例外都是质量：营销质量、研发质量、流程质量、产品质量、服务质量和工作质量——只有达到精品质量，才能形成口碑，口口相传，提升企业美誉度；只有达到精品质量，才能形成客户的消费依赖，建立客户忠诚度。

提高让渡价值才能使客户满意

一分钱一分货，客户不会满意，只是不会不满意；一分钱 N 分货，客户才会满意——让渡价值是客户进行采购决策的心理标准。

顾客让渡价值是指整体顾客价值与整体顾客成本之间的差额部分，而整体顾客价值是指顾客从给定产品和服务中所期望得到的所有利益，包括产品价值、服务价值、人员价值和形象价值；整体顾客成本包括货币价格、时间成本、体力成本和精神成本。

让渡价值非常好地反映了销售方对于顾客的附加价值，所以，采购方都在下意识地通过让渡价值进行采购决策。

需要提醒的是：不同客户对于价值的认识和重视程度是有显著差别的，所以需要根据不同层次的客户对我们提供的价值进行合理的评价。

KANO 曲线帮助锻造精品质量，实现客户满意

日本专家 KANO 把客户满意的要素归纳成三大类：理所应当的质量、越多越好的质量和客户未敢期待的迷人质量，并据此开发出 KANO 曲线。

理所当然的质量：没有，客户会不满意；有，客户不会满意，只是不会不满意。越多越好的质量：没有，客户会不满意；有，客户会满意，而且越多越好。客户未敢期待的迷人质量：超越客户期待，令客户惊喜、感动的质量。

例如，汽车的安全性是理所当然的质量，汽车油耗低是越多越好的质量，汽车行驶时突遇暴雨，自动开灯、自动雨刮而且雨越大刮得越快——这就是未敢期待的迷人质量，买汽车送德国游也是未敢期待的迷人质量（这当然必须在购车之后意外给予客户才会达到的效果）。

运用 KANO 曲线进行质量策划和实现——做好理所应当的质量，提供越多越好的质量，创造令客户惊喜、感动、未敢期待的迷人质量——前者是必备基础，后两者是提高让

渡价值、实现客户满意的关键。

这次广州之行，燕山钢铁盛情邀请高明基业前往燕山钢铁进行技术交流指导、承诺派人专门跟进第二次钢坯试产，都是提高让渡价值的手段。

从质量管理上升到质量经营，全面提升营销质量、研发质量、流程质量、产品质量、服务质量和工作质量，通过销、研、产一体化作战，让精品质量为品牌添金，企业必然能实现可持续的效益增长。

其前提就是走进客户、理解客户、把握需求。这也是本次广州研修的主要目的。

技术与发展同步，管理与发展同步，人才与发展同步

产品要升级，必然需要技术、管理和人才的支撑。可以说，燕山钢铁目前所做的一切举措都是围绕上述三项同步展开。

技术与发展同步

技术是突破性的，管理是渐进性的。要实现产品升级，一定要有实现质量保证、低碳节能、环保高效的技术作为实现手段，为此，导入新技术、推进技术改造、实施技术微创新就成为企业的必然。

管理与发展同步

粗放式管理无法满足精益生产的需要，更不能支撑企业对品牌效益型的追求。当企业的管理水平、管理模式不能与发展目标相匹配，也就是管理滞后于发展，自然无法支撑战略目标的实现。

所谓同步，就像汽车的四个轮子，如果四个轮子大小不一、高低错位、转速不同，能跑得起来吗？企业的同步是指围绕目标步调一致、相互配合，实现高效协同。

人才与发展同步

技术可买，观念无价；观念先行，结果导向。

战略要转型，人才队伍先要转型，从观念到态度、能力和工作方式，只有经营团队适合新时期发展战略的需要，才能将质量上档次、产品升级落到实处。

所以，人才上档次是支持品牌效益型发展的关键。

有鉴于此，以《精品质量与客户满意》为主题的燕山钢铁CLP全球跨界学习（广州篇）活动，承载了燕山钢铁领导层太多不言自明的战略意图和良苦用心，吹响了向质量效益型迈步的号角。

作为本次学习活动的课程导师，我相信燕山钢铁干部团队通过此次研修，以终为始、群策群力、众志成城，励精图治、开拓创新，必将开启燕山钢铁可持续发展的新篇章！

战略就在每一天

怀海涛　零牌顾问机构资深顾问

战略是什么已经无须多言了。

曾经，在人们的认识中，战略是如此地高高在上，如果不是总经理或董事长，就免谈战略。如今，战略又是如此地触手可及——企业如果不能在日常运营中渗透战略，其可持续性就岌岌可危。

现实的需要是：21世纪已经进入了战略运营时代——将企业战略与日常运营实现一体化，换言之，就是通过日常运营将企业战略落地，于是，才有了今天的战略管理时代：战略营销管理、战略研究开发、战略运营管理、战略财务管理、战略人力资源管理……

如此等等，目的是从战略落地的角度抓各项职能建设，期待各项职能建设摆脱事务化、碎片化层次，走向策略化、战略化，将企业战略落实到日常经营。

战略应该在哪里？

战略应该在营销一线。围绕目标客户和变化的需求，拉动整个企业系统，在完全不确定性的环境中，通过战略性营销工作将其转化为确定的营业收入。

战略应该在研发一线。围绕变化的客户需求，结合普世价值观和技术进化趋势，用技术实现客户需求，并输出为强力产品——不是满足客户要求，而是超出客户期待，正如日本松下公司当前倡导的那样：强力产品有五个特征，一是具备有价值的"突出特长"；二是客户看到之后产生"啊！"的惊讶和感动；三是产品的独特之处一眼就能看明白；四是通用化设计；五是超级环保。由是，产品规划是产品战略的落地，产品战略是企业战略的落地。

　　战略应该在生产一线。员工从每天亲手生产的产品的变化，直接感知到企业的战略调整，全员创造性工作，为此努力。

　　战略应该在每一天的工作当中：员工参与、现金流、信息拉动……战略着眼长远，经营立足一年，在战略和经营之间是中期发展目标。

　　逆算营销站在中期发展目标落地的角度，营销拉动经营、技术实现产品、生产满足需求，这让我们再次领会了"技术就是营销、生产也是营销、营销就是经营"的真谛。

　　战略是应对变化的大决策，经营就是应对变化的具体行动。从以企业为中心和以产品为中心的传统营销，到以客户为中心和以需求为中心的现代营销，要求企业打破部门壁垒，去行政化、去职能化、去管理化、去中心化，围绕客户需求一体化作战、快速应变。变化造就不同的创新价值。

　　战略就在每一天。

第二篇

战略性营销

第三章

抵押权与质权

置身日本企业的体验式营销

简惠宽　零牌顾问机构服务经理

大巴穿过樱花丛，远远就能望见几个巨大的、闪亮的金属色高筒，"ASAHI"的字眼低调地嵌在上面。刚拐弯，一道闪亮的红色就吸引了我们的眼球——高木小姐大方、活泼的笑容，配上正红色的套装工作服和非常别致的红色小礼帽，让人倍感温馨。

这是笔者 2013 年 3 月 25 日走进日本朝日啤酒进行零距离学习的直观感觉。

啤酒美味并非在于"啤酒的美味"

参观通道和展厅都在二楼，透过密封的大型玻璃窗，我们清晰地看到朝日啤酒的全自动生产线，麦芽制造、糖化、发酵熟化、过滤，最后是灌装打包。转了一圈，也没有看到几个员工，倒是在接近生产线末端的时候，高木小姐指着一个小区域，带着开玩笑的语气说：那里就是很多人梦寐以求的品酒工作间——五个人一个小组，每天 8 个小时，工作就是喝酒——从生产线上随机抽取产品进行品尝，边品尝边讨论，最后每人填写一份品尝记录。

为什么要这么复杂呢？不是可以从化学反应数据上分析成分吗？面对众人的疑问，高木小姐略加思索，向我们讲述了 30 年前的一个故事。

朝日啤酒的开发序幕始于 1986 年，他们大胆假设判断啤酒美味的标准是随着时代的变迁而改变的，顾客不是外行，是能够分辨啤酒味道的。于是，朝日啤酒在东京、大阪市场上开始了大规模的多达 5000 人的调查，邀请顾客品尝啤酒，之后不但详细填写问卷，还进行细致和耐心的面谈和访问，了解顾客对啤酒味道的感觉，听取顾客的反馈。通过这次与顾客面对面的深入交流，将顾客的感受和思考纳入研发中，总结出下一个时代人们追求啤酒的味道，结果推翻了啤酒美味在于"啤酒的美味"这一结论，于是"醇香且可口"这一啤酒新味道的概念就此诞生了。

1986 年 2 月推出了朝日新生啤酒舒波乐，成长率比 1985 年增加了 113%，超越了同行。

24 个塑料瓶制成的工作服

正当我们沉浸在对职业品酒师这一岗位的无限憧憬中时，一抹亲切的红色映入眼帘——一套正红色的工作服加上别致的红色礼帽，和高木小姐身上穿的一模一样！

在我们惊讶的眼神中，高木小姐自豪地比划着向我们介绍说：这套工作服包括小红礼帽，是用 24 个塑料瓶制作而成的。

为将美好的自然留给明天，朝日啤酒采取了多种措施，包括首创了 PIE 煮沸法，即将以前在一个锅内煮沸啤酒花和麦汁，改为在不同的锅内分别煮沸后再混合，既可以大幅缩短煮沸时间、减少 CO_2 的排放量，又可以延长啤酒泡沫的保持时间，保持啤酒的醇香可口。还可 100% 回收利用副产品，通过诸如"超级易拉罐盖 206 径"和"24 个塑料瓶制成的工作服"等方式使资源循环起来，实现废弃物零排放。

此外，朝日啤酒与工厂周边居民一起开展水源地区的森林保护活动，并在暑假针对小学生及其家长举办环保主题的工厂参观和手工制作活动，感谢大自然的恩赐。

走向世界市场，笑迎天下访客

我们下扶梯的时候，另外一边上来的是一群老爷爷、老奶奶和十岁左右的孩子们。高木小姐介绍说：朝日啤酒除了生产啤酒，还生产葡萄酒和软性饮料，这群访客是附近社区的居民，他们自发组成参观团，过来看看身边的工厂。不过日本的法律规定不满 20 岁禁止饮酒，所以品酒角不会有孩子，他们只能是看着听着，想象啤酒的鲜醇，然后忍着，回去向家里人推荐，或者等到 20 岁时迫不及待地去尝尝朝日啤酒以解心渴。

看见我们有些疑惑，高木小姐补充说：朝日啤酒积极走向世界，目前已经在中国、美国、英国和加拿大当地设立生产基地，与顾客面对面的交流，是朝日啤酒生存和发展的法宝。因此，只要提前预约，朝日啤酒欢迎天下顾客的到访。

啤酒厂里喝啤酒：体验是设计出来的

高木小姐领着我们到达位于一楼的品酒角。与其说是一角，不如说是小酒吧更贴切。垂直的落地玻璃，外面的灿烂阳光和早春景色尽收眼中，五六张玻璃圆桌一尘不染，自然白的椅子安静地围拢在四周，是那么的舒适宁静。吧台上有三大罐冒着"冷汗"、新鲜出炉的啤酒，两位笑容可掬的工作人员向我们介绍这三种啤酒的区别：最浅色的是生啤，最深色的是黑啤，颜色越深，级别和价格越高，最佳的品尝顺序是由浅入深，唻唻新鲜唻唻甘。

恰当的时候喝一杯恰当的啤酒。走了一圈之后，正有点渴、有点累，好几位同学都hold 不住了，马上来了一杯满满的冰冻生啤，围坐而下，一口啤酒入肚，忍不住感叹：

"哇！""爽！"赞叹声此起彼伏，此时，工作人员又及时地给每桌送上一筐佐酒小吃，更是超出期望的惊喜。吧台的工作人员不仅协助顾客享受美味，还耐心地解答顾客的疑惑，细心地询问顾客的感觉，始终面带微笑。

不一样的啤酒，不一样的体验。

正如传统营销"见面三分亲、见面三分情"那样，去过丰田汽车工厂参观的消费者都对丰田汽车少了一份敌意；去过朝日啤酒工厂参观的消费者都对朝日啤酒多了一份亲近和接纳；去过益力多工厂参观的消费者都不再买美乐多和伊利，而成为益力多的忠实消费者，去过日本本土的中国人都对日本和日本人多了一份理解和尊敬。

突破"理性消费者"的传统假设，认为顾客消费时是理性与感性兼具的，他们不仅关注商品本身，而且越来越关注其附加价值。这就是体验式营销的思想起源。朝日啤酒——这个有着100多年历史的日本啤酒公司是上述体验式营销的最好例证。

格局待升：中国企业的体验式营销

日本零售业的卓越服务被全世界所称道。与国内企业的服务靠员工自发不同，日本零售业带给消费者的良好体验主要是被设计出来的，从商品的摆放、产品的包装到服务的流程完全是复制的。

在日本流传着这样一个观点：20%的精英人士设计80%的人的生活，大部分人只需要按照流程执行就可以了。可见设计在日本人生活中的重要性，其中就包括对于服务的设计。

中国企业的体验式营销近十年取得了长足发展，相比之下却仍待提升：格力电器以技术保密为由不接待非业务来访；美的集团的社会化接待仅限于历史馆，拒绝安排现场参观；华为对社会化来访也是一概拒绝，显示出对社会大众的傲慢……由体验式营销反映出的企业自信、客户尊重、社会责任和经营格局可见一斑。

挥别"小红帽"已有两月，异常忙碌的日子丝毫没有冲淡对朝日啤酒的感觉，24 个塑料瓶制成的红色工作服、超大的发酵罐、扶老携幼的社区居民参访团、明亮的落地玻璃、原味醇香的鲜扎啤、同学谈笑的写意……一切都历历在目。

体验式营销，让"ASAHI"在我们脑海里的啤酒百花丛中异常灿烂！

求证日本小微企业的品牌经营

梁　莹　零牌顾问机构服务经理

大巴在一个人烟稀少、看似萧条的工业区旁停下，一条河道分隔了两岸低旧的建筑，没有任何标示，两个看似有着多年历史、略显沧桑的大仓库，就是位于日本本土的海逸沐（HIEM）化妆品工厂，其貌不扬。

不求做大的小公司

在木子小姐的带领下，先进入海逸沐二楼会议室，沿途"吝啬"得无任何宣传、展示信息，一尘不染的地面，一路面带微笑的接待人员，简洁而不失活力。

海逸沐是在电影《三丁目的夕阳》的背景下诞生的化妆品品牌，创建于1961年，在战后复兴、经济进入高速成长时期的日本，人们日以继夜地工作，社会充满了生机，也促使了女性积极步入社会，成为消费者，于是诞生了众多的日本战后品牌。

如今，海逸沐已有超过50年的历史，可是，当木子小姐介绍到企业的销售规模和人员规模时，人们不禁大吃一惊：这家跨越两个世纪、集研、销、产于一身的知名品牌企业仅有33名员工，一年销售收入仅5亿日元（折合人民币3000多万元），以樱花为品牌元素的海逸沐，每片樱花花瓣代表一位员工（见图2.1）。

图2.1 以樱花为品牌元素的海逸沐，每片樱花花瓣代表一位员工

松下电器（中国）有限公司前任总裁木元哲先生介绍过：在日本，企业经营的思路通常有两个，一个是追求 No.1（做大），另一个是追求 Only 1（做精做专），日本企业家基本上是从后者做起。

完全透明的公司

木子小姐介绍说："海逸沐"源自于德语"自己的家，自己的故乡"的意思，就像对待自己的家人一样热情，作为生活中的伴侣，陪伴您一生！这是海逸沐品牌的愿望和宗旨。

像对待家人一样对待顾客。1977年，海逸沐在日本开启业界先河，公开产品的全部成分，标明生产日期，站在消费者的立场上，完全采用纯天然原料配方，严格监控从原料选定到产品销售的全过程，减少不必要的包装和广告，从而提供广大消费者都能接受的合理价格。

海逸沐产品实行 NASA（美国航空宇宙局）清洁度标准，开发制作安全、低刺激的温和型护肤品，始终对消费者遵循着七个约定：公开成分、信息通透、精细处方、天然原料、合理价格、配料安全、产销一体。

海逸沐改变了以往日本化妆品的价格构造，对消费者一直采取完全透明的引导消费的模式，创造了高品质、低价位的经营理念。30多年来坚持这一举措，得到了众多消费者的认同和赞赏，海逸沐也因此被日本社会赞誉为"完全透明的公司"。

曾经的小作坊，今天的迷你现代工厂

工厂虽小，却极其精致。尽收眼底的生产车间几乎完全自动化，机器设备如同新购，地面明亮、一尘不染，像刚刷过漆似的。难怪有人感叹：日本工厂虽小，却如颗颗珍珠。

海逸沐是如何做到的？面对众人的疑问，接待人员适时地告知谜底：现场员工每天会花半天时间，专门对工装夹具、设备、仪器和地面等进行彻底的清扫、点检，实行NASA（美国航空宇宙局）清洁度的标准，确保每一批产品都是在洁净、精密和无菌的环境中生产，"5S管理"已经深入员工骨髓。

木子小姐介绍说：建厂之初，海逸沐也是手工产生，工厂现在还保留着最早制作香皂的搅拌缸，如今，由于自动化程度的提高，人员规模虽然没有变化，但是生产员工大幅度减少、研发员工相应增加。

团长祖林教授感叹说：海逸沐工厂虽小，与他之前参观过的资生堂工厂相比却毫不逊色，堪称世界级。

这次参观，让我在日本的国土上对"五星级工厂"有了一次贴身的体验。

不做广告，却接受全球客户来访

二楼会议室面积不大，却应有尽有，正前方海逸沐集中展示区的产品，覆盖了人们日常化妆用品的方方面面，缀入椅中的小桌子充分展现出日本是一个寸土寸金的国度，每一寸空间都应发挥它最大的价值。

小桌子上摆放着海逸沐公司的简介和赠送每一位来访者的精美礼物，短短几分钟的宣传片，让我们对眼前这家小工厂的过去、现在和未来有了清晰的认识：顺应市场需求，产品及时更新，产量稳定，人员不变，至今有 50 多年的历史，始终保持着 30 人左右的规模，多年来基本不对外招人，现在的员工当中相当一部分是第二代、第三代。

现场参观中，众人的到访并未影响到研究人员的工作，他们聚精会神地做着实验，偶尔抬头，微笑着向我们点头致意。就是这样廖廖数人，研发出的产品富含 4000 种以上营养成分，将"让肌肤水润有光泽，调节肌肤水油平衡，不采用可能会对肌肤产生刺激和负担的配方"这一宗旨发挥到极致。

面向本国人民服务 50 多年的化妆品小厂，没有一家自己的实体店，在众多药店、商场连一个小摊位也没有，如今盛行的新闻媒体和网络广告中也找不到它的影子，却成为日本同行业位属前列的自然系化妆品老品牌，牢牢扎根在日本人心中和生活。

海逸沐在 50 多年的历程中如何进行品牌营销？诸多团友想一探究竟。

"高品质、低价位"，精益求精研发、确保品质、定量生产，省去广告、店铺和员工的费用，全面降底产品成本。通过低成本印刷资料夹附报纸的方式，让众人知悉，B to C 方式无缝对接客户需求。

海逸沐虽然不做广告，却每天都在接受来自日本国内和海外的来访。"品牌不是靠宣传做出来的，是由客户的消费过程体验到的。"木子小姐的话让我们豁然开朗，这个广为人知的道理，在海逸沐身上得到了现实的验证。

踏踏实实做事情，默默无闻塑品牌。从海逸沐公司，仿佛看到了我们零牌顾问机构的影子。

30多人的小公司，开始进军中国市场

"在中国，您也可以买到海逸沐产品了！"木子小姐一脸笑容，似乎融汇了骄傲、自豪以及能为中国顾客服务带来的喜悦。

原来，从2010年10月起，日本原装"海逸沐"化妆品开始在青岛销售。小公司也随着全球经济一体化进程迈上国际化。

"做大不是我们的目标，融入人们的生活、提高生活质量，服务和关怀顾客才是我们的目的。"木子小姐从容地回应着每一位中国朋友好奇的提问。

这不禁使我想起华南理工大学工商管理学院陈春花教授在《经营的本质》中所述：经营的基本元素只有四个：顾客价值、合理成本、有效规模、具有人性关怀的盈利。海逸沐——这个30多人、50多年的日本小厂是上述经营本质最好的例证。

2013年11月，作为方行国际第35期《日本·企业家精神》研修班的学员，和众多中国企业家在日本企业的零距离学习和碰撞，令人大开眼界、心生惊叹，收获颇多。日本——这个处于世界东方的"西方国家"，与中国有太多的相似，又有太多的不同。

培养"知心人"，情长业务久

——松下电器营销方式背后的感悟

赵雅君　零牌顾问机构营销管理高级顾问

相信大家早就对日本的松下电器耳熟能详，尤其是松下幸之助先生的经营之道，被国内很多企业家借鉴。2015 年 3 月 31 日，我带着劳卡家具的 24 位一级经销商再次走进日本，进行为期一周、主题为"战略性营销与一体化作战"的跨界学习，在松下电器（中国）前总裁木元哲先生的带领下，来到了位于大阪的松下环境系统专卖店，零距离深入体验松下电器这个 500 强公司与客户的营销互动方式。

好产品，只看不卖

店面的门口并不大，门内小桥流水、亭台楼阁，仿佛置身于某个小的私家园林，在人潮熙熙的大厦中显得格外独特。迈步进入才觉得别有洞天，顺着内部专用电梯下行，完全进入一个超现代化的智能居住时代：自动防震系统、自动发电系统、自动防潮湿防冷冻的加温系统、灯光与环境的配合、家居色彩与气氛的映衬、大小保健仪器……简洁、方便、和协，无一不吸引着我们这些学员。消费者在场景和氛围中，很容易找到自我的需求；产品的功能设计也让消费者变得对价格不太敏感。

其中有几款比较先进的产品，以蒸汽美容清洁皮肤系统产品为例，只做现场展示，并不做销售，想买还买不了，吊足消费者的胃口，绝对的饥饿式营销。这让我想起了木元哲老师在现场的解说：产品的三要素包括：①产品核心是概念；②实质产品（即产品的形态）是品牌、设计、特性、样式、品质、包装；③是最近才被中国企业重视的扩大产品（即附加机能），包括配送、交期、设置、对应（亲切、谨慎、周到、快速）、支付条件、售后服务、保证。这种只展示不销售的产品，绝对是一种概念！

有效营销：寻找影响者

木元哲导师带领中国企业界朋友一边参观学习松下生活馆，一边向大家讲解松下电器从日本本土迈向全球的秘籍，其中，针对"一体化作战"讲到围绕客户的采购决策单元、组建自己的营销作战单元——销、研、产一体化作战单元，这一观点引起大家的浓厚兴趣，尤其是对于"知心人"的培养。

小小的松下电器展示厅，让我们观察到 B2C（Business – to – Customer，企业对消费者）的营销方式。对企业而言，还有另一种营销方式是 B2B（Business – to – Business，企业对企业），如松下压缩机、松下变频器等，这些为下游空调厂进行销售的产品就是 B2B 模式。

不论是 B2C 还是 B2B，两种营销方式的关键都是客户的采购决策单元（见图2.2）。

B2C 式的营销决策单元通常集中在一两个人身上，客户的需求有没有得到满足，很快就可以判断和应对。

B2B 的营销相对更复杂，这样，就需要组建内部营销作战单元（见图2.3）来应对客户的采购决策单元。

客户采购的倡导者、决策者、执行者和使用者很容易辨识，但影响者不易确定，所以要全方位、多层次收集信息、综合判断，最佳方法就是创造全方位、多层次的助力影响

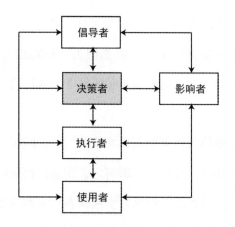

图2.2 采购决策单元

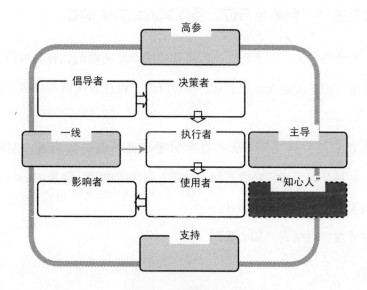

图2.3 营销作战单元

者。影响者是对倡导者、决策者、执行者和使用者中一方或多方有影响力的人。

1. 遁迹无形的影响者对企业营销活动的影响

影响者对销售方的作用有三种：阻力（反对，−1）、中性（不赞成也不反对，0）（有时候中性也就是阻力，即0就是−1）、助力（赞成，+1）。

影响者无法消除，只能转化：将阻力转化为助力（+1），至少转化为中性（不反对，0）。

转化的方法有两种：一种是直接对影响者做工作，将阻力转化为助力（-1至+1）；另一种是创造影响力更大的影响者（+n），抵消阻力、创造助力（+n-1=+1）。影响者可能直接对决策者产生影响，还可能影响采购倡导者、执行者和使用者，使之成为影响者，进而影响决策。

采购倡导者、执行者和使用者都可能是影响者，"小鬼难缠"就是一个例子。

在采购决策时，影响者如影，善辨之，影响之，预见性消除阻力，直接创造助力。

一个出色的营销作战单元负责人，就是善于判断客户采购决策单元的五种角色，灵活调动公司资源，全面、动态满足客户的五种角色需求，为客户创造更大的价值。

2. 变被动为主动：创造全方位、多层次的助力影响者

因为客户采购的倡导者、决策者、执行者和使用者是明确的，容易辨识，而影响者不易确定，所以要全方位、多层次收集信息、综合判断，最佳方法就是创造全方位、多层次的助力影响者。

另外，跳出客户看采购决策单元：竞争对手也是可能的影响者，搅局、掺和、抹黑——不管怎么做都是为了破坏对他不利、对我方有利的决策，但影响的对象还是客户采购的倡导者、决策者、执行者和使用者。

这样，就需要在客户端有"知心人"。

高手营销：在客户端培养"知心人"

1. 什么是"知心人"

所谓"知心人"是指理解销售方的优势、对销售方认可并愿意提供不违反职业道德的协助，以帮助销售方为客户创造更大价值的客户端员工。自然，"知心人"是了解客户的

真实采购需求、决策流程、决策标准或决策单元的员工。

2. 为什么要在客户端培养"知心人"

真切把握客户的痛点和兴奋点，才能制定和实施有效的营销策略和方案，全面满足客户的需求，为客户创造价值。在 B2B 业务中，企业的客户是虚化的，看不见、摸不着却又无处不在，具体由采购决策单元的五种角色即在相关岗位履行职责的客户端员工表现出来，他们就是客户（企业）的化身。显然，不同的岗位对同一个采购行为的需求是不一样的，有的是有痛点，有的是有兴奋点。为了真切把握客户需求，需要获取客户端的真实信息。恰恰由于采购方对销售方的防范心理，营销人员总是难以全面获得真需求。因此，需要培养客户端的"知心人"，作为对真实、全面把握客户需求的印证。

3. 怎样培养"知心人"

显然，认可销售方是"知心人"的第一条件，这个销售方具体表现为产品、服务和销售人员的职务行为，因此，培养知心人的途径就有四个：

（1）技术兴奋者。这一类知心人普遍对技术痴迷，有技术专业性和前瞻性，销售方的技术理论、技术路线、技术方案和具体产品恰恰使之产生强烈共鸣，技术兴奋者以技术认同为基础，对销售方形成全面认同，确信销售方是本企业的"不二选择"，因此，愿意尽心协助。

（2）理念同道者。业务交往中买卖双方相互了解，买方人员对于卖方的经营理念、价值观和职业素养很推崇，买方被认为是"同道中人"，卖方以个人魅力得到"知心人"。

（3）有缘分者。基于兴趣、地缘（如老乡）、经历（如校友）及其他可能拉近心理距离和思想共鸣的因素，卖方得到买方的认同。

（4）市侩者。有一种持实惠型价值观的人，追求现实利益，小恩小惠就可以使之成为卖方的"知心人"——接纳或培养这样的"知心人"，当然要面临道德困惑、人际陷阱和商业风险。

由上述分析可知，真的"知心人"和假的"知心人"并存，如果能够将采购的倡导者、决策者、执行者、使用者和影响者培养成销售方的真正"知心人"，客户开发周期就可以缩短、客户生命周期可以延长——这考验的绝非传统意义上的利诱拉拢能力，而是企业真正的价值创造和人文关怀能力。

"知心人"只是营销作战单元的辅助者，培养"知心人"不能解决一切问题——毕竟，在复杂而充满不确定性的营销环境下，最终比拼的还是产品的3个要素，这样，门当户对或"灰姑娘"式的价值匹配能力才能显现。

培养"知心人"，情长业务久。百年客户，世代合作。

沉浸在松下生活馆的现实情境中，聆听木元哲老师的高人高语，这群来自中国、都有十年以上市场营销经历的经销商总经理们，不禁感慨世界级百年企业的内在力量。

"不入虎穴，焉得虎子"，如果抱着仇日抗日心态放弃了这次日本跨界学习，怎么会有这么深刻的收获呢？

"草根企业"迎来品牌春天

赵雅君　零牌顾问机构营销管理高级顾问

很大程度上，过去的记忆改变着人们现在的行为和未来的生活。一次失信让人们今后对失信者的信任打了折扣，多次失信相当于自己给自己贴上"不诚信"的标签——这样的记忆存留在别人的心中，失信者将逐步失去信用。

诚信是主观的，信用是客观的。每个人兑现诺言的程度在他人心中形成"兑现性记忆"，一个人给环境留下的兑现性记忆逐步影响自己未来的机会——人们总是把机会留给可以信任的人，"言必信、行必果"是每个人基于诚信价值观、建立社会信用的行为准则。

美国作家布莱恩·特雷西说：一个人在35岁之前，信用是一种投资，在35岁之后将获得回报；如果一个人在35岁之前没有建立信用，"不诚信"的标签将使其付出代价。

由兑现性记忆汇聚成的社会认知，沉淀为个人的品牌。同样地，企业在目标客户群中建立的兑现性记忆，将沉淀出企业的品牌。

小微企业通过无私忘我的行动差异化创造卓越的兑现性记忆，沉淀客户忠诚和口碑传播。

无私忘我，为客户着想，不顾一切地为客户考虑，才能取得客户的信任。在客户端创造卓越绩效——在技术（T）、质量（Q）、采购总成本（C）、交期（D）、服务（S）、特殊要求（S′）和应变弹性（F）等方面，全面满足客户，建立优质兑现性记忆。兑现性记忆的本质就是创造客户满意，通过迷人品质使客户对企业形成购买黏性，建立客户忠诚度。

华南理工大学工商管理学院陈春花教授说："营销本身就是行动而非概念。营销概念、卖点和营销思想都不是营销最核心的部分，营销核心的部分是营销执行，亦即营销行动。"

营销人员不是思想者而是行动者，承担本职业所必须承担的角色，必须是一个充满理想而脚踏实地的人，同时必须是一个热爱思考而又身体力行的人，还必须是一个面对现实帮助客户解决问题的人。

互联网改变了企业与客户的沟通方式，缩短了企业与客户的距离，以技术为先导，通过创新满足客户需求，形成好的兑现性记忆，企业的品牌建立通过体验式营销和粉丝营销进行传播。

品牌建设无所谓企业大小，名不见经传的诸多日本百年小微企业创造的一个个鲜活案例证明：草根企业也有品牌春天。

柳屋（株）：成为对客户不可或缺的存在

——全球市场占有率70%的中小企业如何从信用变信赖

木元哲　松下电器（中国）前总裁，零牌木元塾塾长

祖　林　零牌顾问机构首席顾问，零牌木元塾同修导师

全球长寿企业之国——日本，对品牌建设的理解和实践似乎有着与中国不同的视角和实践。日本企业界根深蒂固地认为：品牌的内核是信用力。

由信用到信赖：品牌的内核是信用力

所谓信用，是以能履行与人约定的事情而取得信任。信用是结果的积累——即事实的聚积。长久的信用使企业得到客户的信赖——客户信任并依靠企业，将现在和将来的相关需求都托付给企业。品牌由此存留在众多常客户群心中，重复购买所表现出的品牌忠诚度正是企业品牌建设的目标。

企业获得客户信用和信赖的能力，日本管理界称之为"信用力"。

这一理解与美国企业界的"兑现性记忆"不谋而合。所谓兑现性记忆，是对个人或组织承诺践行的结果形成的记忆所决定的对其后续承诺的信任程度。兑现性记忆是个人或组织信用的根本反映。科特勒在《营销管理》中认为，客户在购买和使用过程中建立的兑现性记忆在持续影响后续采购决策。

因此，品牌建设无所谓企业大小，草根企业也有品牌春天。名不见经传的百年小微企

业柳屋株式会社［以下简称"柳屋（株）"］就是一个鲜活的案例。

创业转型：从食品小店到食品机械

位于日本山口县宇部市的柳屋（株）是一家典型的日本小微企业，1916年，柳屋元助创立柳屋鱼糕店，开创了日本的鱼糕制造业。

1932年，为了解决鱼肉研磨的效率问题，柳屋元助和自己的得力助手自主开发的一套小装置，成功实现机械化，这个"意外"成功地激活了柳屋元助的"机械心"，他果断开设柳屋铁工所，食品小店进入食品机械制造行业。

由食品小店起家，创业至今已有100年，柳屋（株）如今的主业是食品加工机械的设计、生产和销售，涵盖水产品熬炼加工机械、豆腐机和海苔加工设备等，除此之外，还可以根据客户需求定制开发制造与生物和化学相关的特种机械。

1957年，创业者柳屋元助逝世，其子柳屋幸雄接任总经理（社长），伴随着横滨营业所的开设、工厂迁至西宇部、大阪营业所开业，1985年，柳屋铁公所成功上市，蜕变为柳屋（株），现任总经理为柳屋芳雄。

历经四代传承、百年变迁，如今的柳屋（株）是一家资本金仅为1亿日元（约合500万元人民币）、2010年3月年营业额为29亿日元（约合1.5亿元人民币）、有151名员工的中小企业。

隐形冠军：蟹风味鱼糕制造机全球市场占有率为70%

柳屋（株）的设备独具特色，特别是蟹风味鱼糕制造机以竞争对手无可比拟的优势向

16 个国家出口，全球市场占有率高达 70%，使得日本独创的蟹风味鱼糕（见图 2.4）风行为世界食品。

图 2.4　风行全球的日式风味蟹肉棒

宝剑锋从磨砺出。1975 年，第三任总经理柳屋芳夫上任，当时柳屋（株）仅仅是一个在山口县市场占有率为 20% 的小微企业。为了企业的生存和发展，柳屋芳夫用了 5 年访问全国的鱼肉加工公司，听取客户对柳屋产品的意见，据此进行改进。

客户说柳屋的设备价格过高，这说明柳屋（株）通过努力可以争取更大的市场空间；客户反馈柳屋（株）的设备不好维修，柳屋（株）通过提高服务力进行弥补；客户评价柳屋（株）的设备性能不好，说明如果柳屋（株）制造好的设备就能扩大销售……柳屋芳夫把客户口碑视如珍宝，针对客户的"差评"一一改进，逐步确立自己的产品开发和企业经营的思路：

（1）做谁都不做的事情。

（2）成为"不是这家公司就不行"的公司。

（3）完全通晓客户的工作和自己的工作。

（4）提出先人一步的提案。

1979 年，柳屋芳夫亲子主导开发的全新蟹肉棒制造机推向市场后，受到众多食品加工厂的追捧，并逐步走向全球市场。随着柳屋（株）设备走向海外，日本独创的蟹风味鱼糕也成为各国人民餐桌上的美食。

根据相关市场调查，1989 年全球蟹肉棒制造机的市场容量为 15 万吨，其中日本为 5 万吨，占了 1/3；2012 年全球蟹肉棒制造机的市场容量扩大到 50 万吨，其中日本仍然为 5 万吨，而美国为 8 万吨、立陶宛为 8 万吨、法国为 5 万吨、泰国为 4.5 万吨、俄罗斯为 4.1 万吨、中国为 4 万吨、西班牙为 1.5 万吨、白俄罗斯为 1.3 万吨……30 年来，在这样一个全球细分市场，柳屋（株）的市场占有率一直高居不下，目前稳占 70%。

无私忘我：产品如孩子，客户是至亲

2011 年 3 月 11 日，日本东北部海域发生里氏 9.0 级地震并引发海啸，造成重大人员伤亡和财产损失。柳屋（株）在日本东北三陆海岸有 120 家客户，因为海啸，设备被海水、泥巴覆盖而无法操作，从仙台营业所开始的道路到处断裂，于是，仙台营业所的所长和员工骑自行车拜访客户，调查受灾状况，为客户提供帮助。

当时，总经理柳屋芳雄向全体员工指示：柳屋（株）制造的机械设备就像我们的孩子，孩子遇到了困难，父母鼎力相助是理所应当的，在客户关乎生存的紧要关头，不收取任何修理费用！

灾难中免费维修，帮助客户渡过难关。柳屋（株）的这一举措深深地打动了 120 家客户，柳屋（株）的口碑再次在民间流传。

受此次灾情的冲击，柳屋芳雄总经理再次思考如何开发出清洗作业简单、非专业人员也能清洗的设备，如果能在设计上实现，就会极大地缩短设备修理时间。

小微企业立足全球市场：技术创新领行业之先

柳屋（株）非常清楚：要成为"不是这家公司就不行"的公司，技术领先是关键。

"完全通晓客户的工作和自己的工作"，"做谁都不做的事情"，"向客户提出先人一步的提案"，柳屋（株）的这些金规铁律，是活生生的营销战略和研发战略。

小微企业柳屋（株）非常重视知识产权的开发，除了超过保护期限的失效陆续专利，目前柳屋（株）拥有19项发明专利，另外还有18项在审批过程中；拥有实用新型专利2项，商标8项。

百年草根：隐形冠军的"隐形"之道和"冠军"之道

亿元年营收、百名员工，四代传承、百年企业。2014年，柳屋（株）被日本经济产业评选为全国100家"国际利基领军企业之一"。

"不是柳屋的设备就不行"——要成为让客户这样说的企业。聚焦细分市场，为小众目标客户服务，独门绝技、潜心经营，在全球缝隙市场中持续取得绝对高的市场占有率，柳屋（株）是不折不扣的隐形冠军。

成为对客户不可或缺的存在。百年企业柳屋（株）的实践再次证明：从获得客户的信任到建立企业的信用，直至得到客户的信赖——客户对企业的托付，基于长期兑现性记忆的沉淀。

唯有如此，"草根企业"、小微品牌才有未来。

东光舍：通过绝不妥协的产品制造获得信用

百年坚守，小微企业迎来品牌春天

木元哲　松下电器（中国）前总裁，零牌木元塾塾长

祖　林　零牌顾问机构首席顾问，零牌木元塾同修导师

说起株式会社东光舍（以下简称"东光舍"）很多人不知道，但是鸡牌剪刀（见图2.5）却是世界各国专业美容师的手头利器和心头之爱。

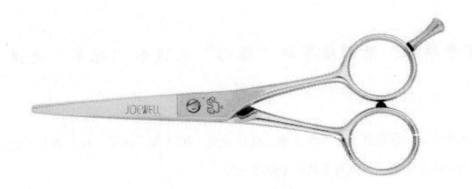

图2.5　全球专业美容师和美发师钟爱的鸡牌剪刀

小小剪刀，匠心独具

1917年，井上丰作在日本东京创立东光舍，专门为美容师和美发师生产专用剪刀，鸡牌是东光舍1921年推出的图形商标（见图2.6）。凭着对工匠手工加工技艺的执着，通过

产品降低美容师的手的负担，确保持续一个月以上剪刀锋利，鸡牌剪刀有 2 个刀刃，使用者可以通过螺丝随心所欲地进行调整。

創業者・井上豊作　　　　旧東京工場　　　　旧カタログ

图 2.6　东光舍剪刀的品牌及其创业者

"通过绝不妥协的产品制造来获得信用！"这是东光舍矢志不渝的经营原则。凭借工匠老手的手腕和感觉实现 1/1000 毫米的精度，东光舍坚守手工加工的制造特色，凭借机械绝对不能实现的手工绝活儿，鸡牌剪刀获得了美容师、美发师极大的信赖，久而久之，人们记住了鸡牌，很多人反倒忘记了东光舍。

蒲公英飘飘，"鸡"飞遍全球

东光舍就是这样默默在日本本土市场耕耘，一个偶然的机会，鸡牌剪刀开始行销天下。

有一年，一位日本美发师带着东光舍的剪刀进入伦敦维达沙宣发型设计学校学习，学校的老师们一用鸡牌剪刀就喜爱上了，纷纷让日本美发师代购，于是鸡牌剪刀在沙宣学校流行开来，并被到伦敦沙宣学校学习的美发师带到世界各地，开始流传世界。

1975 年，东光舍对品牌进行了再造，使用更加国际化的 "jOEWELL" 作为品牌 VI，考虑到世界各地老客户对鸡牌的认知和喜爱，东光舍在产品上仍然保留了鸡的图形，众多拥趸仍然用"鸡牌"称呼东光舍剪刀（见图2.7）。

图2.7　东光舍的产品品牌进化

1977 年，也就是东光舍创业 60 年之后，作为为欧洲各国客户服务的第一窗口，东光舍在伦敦开设了第一家代理店；1978 年，东光舍开设了美国洛杉矶分公司。小小东光舍就像是朵朵蒲公英，随风飘向世界各个角落。目前，东光舍在全球 58 个国家有正式代理店，成为日本小微企业国际化的代表性案例。

百年坚守，匠心如一

通过无止境的技术追求和高品质实现领先，乐于创新产品，通过坚实的公司业务发展提高人们的生活质量。东光舍坚持手工制造工艺，重视工匠技艺的代代传承并不断推陈出新，用日本匠人的匠心、匠艺和匠才，将产品和服务做到极致。

"老手的手腕和感觉是机器替代不了的。"曾经有德国刃具制造中心索林根的刀具老字号企业前来日本，希望与东光舍合作，被东光舍拒绝了，原因是制造方针不同——德国企业采用机械生产，东光舍坚持手工制作（见图2.8）。

一代代日本匠人技艺传承，延续着东光舍的产品品质和世界荣光。2015 年，董事兼总经理井上研四司撰写的论文《美容美发及医疗用剪刀的剪夹动作关联研究》获得日本设计工学会的年度论文奖。在东光舍岩手工场，36 名员工中有 3 人是获得国家表彰的技术者并被授"现代名匠"紫带奖章，有 2 人获得文科省的创意巧工功劳奖，历年来，东光舍工匠获得的国家级奖项不胜枚举。

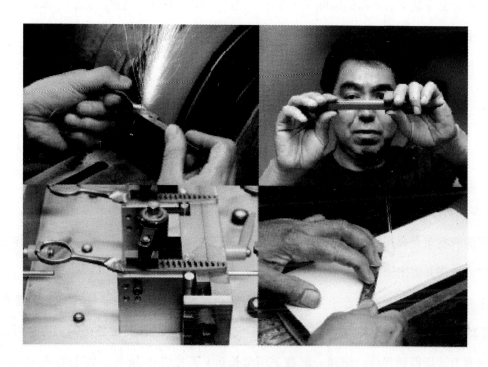

图 2.8　东光舍坚持手工制造工艺

小而美、小而精的日本草根企业

就是这样一家独具特色的日本企业，近百年来却一直保持着小微规模，目前资本金为 1200 万日元（约为 60 万元人民币），年销售额 8 亿日元（约为 4 千万元人民币），员工仅为 50 人（以上为 2015 年 4 月的数据）。

对比不少中国企业一做就大、一大就乱、一乱就死的现实，Only 1 追求独特的、有品位的、绝无仅有的企业定位，始终将掌握核心技术放在第一位，始终将企业控制在适度的规模，不盲目做大，虽然在绝对规模上并不大，但在每一个细分领域、局部市场上却拥有相当高的占有率和举足轻重的行业地位，是名副其实的隐形冠军。

东光舍就是这样低调务实、沉静经营，没有大富大贵，却乐在其中、行遍天下——如今，东光舍也算是不折不扣的国际化企业了。这种"以小为美"的审美意识，渗透在日本众多中小微企业的历史中，绵延不绝。

全球化、无差别的售后服务

"保证对您已经购买的东光舍产品承担责任！"东光舍为所有产品颁发产品护照，为客户购买的所有东光舍产品提供免费修理服务，需修理的产品到达工场后在 4 小时工作时间以内完成修理并寄出。

东光舍还在全球开设了若干签到诊所，为客户提供剪刀的研磨、修理和调整等服务（见图 2.9），有免费修理和付费修理两种，不仅是东光舍产品，其他公司的剪刀也可以在东光舍剪刀诊所得到善待，修理一把右手用全长 6.1 英寸（15 厘米）以上的 R 剪刀，收费仅为 3300 日元（不含税，约合人民币 165 元），快递费由客户支付——左手用剪刀收费一致，其他品牌的剪刀标准相同。

图 2.9　东光舍的"剪刀诊所"

隐形冠军的"隐形"术和"冠军"术

和中国的大多数创业者不同，日本中小企业的创始人大多数源于自己独特的技术或技能，他们始终如一地在某一领域潜心钻研、精耕细作，在核心技术的某个环节不断积累，实现技术和应用的突破，始终走在世界的最前沿，颠覆了"大企业高附加价值、小企业低附加价值"的传统规律。

日本日中振兴贸易机构研究员、旅日华人丁可博士在《日本强大的基础——匠人文化、职人气质》一文中介绍说：日本经济产业省每年都要评选"最有活力的中小制造业企业300强"。2007年的名单显示，在企业300强中，单个产品在全球市场占有很高份额的有54家，在日本市场独占鳌头的高达109家。从这300强的行业分布看，零部件企业84家，机械制造企业77家，精密加工企业52家，仅这三个领域就超过了300强的2/3。这些企业都是默默无闻的，却在各自的行业里拥有不可替代的地位。很显然，日本的中小企业既不同于硅谷的中小企业，也不同于瑞士或意大利的中小企业。这些中小企业的主角，是一大群拥有精湛加工技艺的隐形冠军。

东光舍、鸡牌剪刀，为中国企业的小微品牌建设提供了一个绝佳的标本。

电化山口："一生悬命"为客户着想
——无私忘我的行动差异化创造品牌信用力

木元哲　松下电器（中国）前总裁，零牌木元塾塾长

祖　林　零牌顾问机构首席顾问，零牌木元塾同修导师

一家小小的门店，月均销售额高达 1 亿日元（约合 500 万元人民币），位于日本东京都町田市的电化山口销售店（以下简称"电化山口店"）就是这样一家名不见经传的特色小店（见图 2.10）。

图 2.10　电化山口店的门店全貌

只要接到客户联系就马上拜访

电化山口店的招牌上，有一张照片写的是"山口将'嘡'的一声飞奔而去"，意思

是：一旦客户呼唤，山口店员将立刻飞奔而去。

这个门店的行动方针是：一旦客户呼唤，必须立即采取行动。在全国采取同样做法的店铺不计其数，但这家店铺略有不同。

从上门修理家电起步

电化山口店创立于东京奥运会举办的次年——1965 年，社长（总经理）山口勉曾经在大电机制造企业工作，以奥运会为契机，彩电开始普及，空调和汽车的普及也是从这个时候真正开始的，消费者最想购买的前三位产品分别是 Car（汽车），Color TV（彩电）和 Cooler（空调），这"3C"当时被称为三大新神器，这正是日本战后经济高速增长期的鼎盛时期。

山口勉最初连开店的资金都没有，其创业是从用一辆汽车装上修理工具，从走家串户的家电修理起步的。50 多年后的今天，达到了月均销售额 1 亿日元（折合人民币 500 万元）的规模。

客户联络就是机会

山口勉近乎顽固地认为：客户与我们联络，包括投诉在内，都是给我们机会。当客户提出"冰箱不好用了，快来一下"、"我想换荧光灯，来帮帮我"之类的要求时，负责人员应立即飞奔而去。

"我想移动家具打扫一下，请来帮帮我"、"院子里的树枝长长了，我想剪掉，请来帮我修剪一下"、"我的脚受伤了，想去买东西，帮我去超市买点肉和蔬菜吧"，这样的客户要求也要欣然答应。除零部件与产品的销售之外，其他服务一律免费。

在日本，只要客户有要求，立即飞奔而去的店铺为数不少。但对家电产品以外、本职业务以外的要求也要欣然答应、"嗖"的一声飞奔而去的只有电化山口店。

不要求高效率地做生意

电化山口店是典型的日本家族小店，员工有 40 人，其固定客户大多数都是老年人，其中又有很多是独居的老人。很多老年人自己不能换荧光灯、不会清洗空调过滤器，山口勉认为提供非本职工作的服务也是为客户排忧解难。

因为有这个想法，因此，几乎所有电化山口的员工都在外面做销售。山口勉并不要求高效率地做生意，而是要求销售员与客户保持密切沟通，即使没有商务洽谈，也可以与客户坐上半个小时聊聊天，持续坚持下来的结果就是：电化山口店 80% 以上的销售收入都是外访销售员创造的。

从混搭销售店转变为松下品牌专卖店

电化山口店自 1965 年创业至 1996 年，30 年都不是某个品牌的连锁专卖店，而是经营多种品牌、实行混搭销售的地区大型店。对于要求低价产品的客户，店员推销三洋和夏普等价格低廉的产品，而对于要求高质量和可靠性的客户，则向其推销松下和日立品牌。

到了 20 世纪 90 年代，随着家电量贩店在日本全国出现，电化山口店附近新开设了 3 家大型家店卖场，因而被卷入与量贩店的价格竞争，其经营一下子陷入困境。1996 年，山口勉制定了每年利润增加 1% 的目标，决心成为日本第一的松下专卖店——如果成为日本第一的专卖店，就靠返点奖金等也能提高利润，销售赞助也会增加，还能获得更多的产品信息。

从那时起，他们开始提供量贩店无法提供的服务，销售形态取得了不断的发展和进步。

无私忘我的行动差异化

"面对客户的呼唤，不能有任何私心！"山口勉言传身教，只要客户来电，员工就"噌"的一声飞奔而去。

"但是，这种态度不能带有任何企图，如果不是真正心甘情愿地提供服务，总会被客户识破。"

"一生悬命为客户着想，才能真正感动客户。"一生悬命是日本中世纪武士拼死守卫祖先领地的描述，今天则表示以拼死决心达到目标的行动。

"这样的事情也帮我做吗？"这种真正为客户着想的行动表现出极大的差异化，赢得了客户的感动，得到客户接纳。把客户当亲人，无欲无求的彻底服务使客户感到，"即使稍贵一点也要从电化山口店购买"。

行动差异化创造兑现性记忆，沉淀客户忠诚和口碑传播。

品牌的核心是信用力，不为差异化而差异化，不为感动客户而感动客户。草根企业通过无私忘我的行动，在客户端创造卓越的兑现性记忆，电化山口店的卓越实践，为中国草根企业的小微品牌建设提供了借鉴。

第三篇

研发创新

企业的创新原则与机遇来源

——关于美国企业创新的思考与借鉴

怀海涛　零牌顾问机构资深顾问

当被问到，有史以来，这个世界上最伟大的发明家是谁？

每个人脑海里都会浮现出一长串的候选名单，这个名单中一定会有"电灯之父"爱迪生、"电话之父"贝尔、"蒸汽机之父"瓦特、"飞机之父"莱特兄弟、"汽车之父"卡尔·本茨、"计算机之父"冯·诺依曼……

但你可能很难会想到一个人，他就是意大利文艺复兴时期的画家达·芬奇，同时还是一名雕刻家、音乐家、数学家、发明家、解剖学家、地质学家、植物学家、作家、建筑师和工程师，他是一个彻彻底底的博学者。除了巨作《蒙娜丽莎》和《最后的晚餐》等作品外，他还留给世人约6000页手稿，内容从物理、数学、科技到生物解剖，几乎无所不含，每一页手稿上都记载着一个令人惊叹的创意，从潜水艇到直升机，从轻型滑翔翼到武装坦克车，从子母弹到军用降落伞，再到自动炼钢炉……但是由于1500年前的技术和材料所限，这些创意终究还是停留在创意的层面，也根本不被当时的人们所理解和接受。

爱因斯坦曾说过，如果达·芬奇的科研成果在当时就发表和被世人认可的话，世界的科技水平会提前30~50年。

不要尝试为未来而创新，要为现在而创新

美国式企业创新的关键就在于此：不要尝试为未来而创新，要为现在而创新！

一个充分理解这一告诫的发明家就是爱迪生，1860 年前后，与他同时代的其他电气发明家都开始了电灯泡的研制，但爱迪生却等了 10 年，直到所必须的知识一应俱全后才开始动手。换句话说，当电灯泡可以成为现在的产品时，有需求有配套技术的可能时，爱迪生调动了他所有的力量，并组织了一批具有卓越才能的研究人员，几年内专心致志攻关，并最终取得成功。

2014 年 7 月，笔者作为中山大学《美国·创新领导力研修班》的随团教授，率学员走访了谷歌、彭博资讯等美国创新型企业，对美国式的企业创新有了深层次的感受和领悟。

市场——企业创新的关键所在

现在很多企业经营者，言必提创新，创新这个词虽然很流行，但是人们对它的理解却是千差万别的，很多人将创新与聪明的创意或智慧的发明混为一谈，或者一提到创新就想到科学技术，还有很多人认为凡是开创了一个新领域就是创新。美国管理学大师彼得·德鲁克曾说过：能否称之为创新主要在于是否为客户创造了新的价值，价值是客户得到的，价值是客户付出的。

所以，企业创新最终成功与否，不在于它是否新颖、巧妙或具有科学内涵，而在于他能否赢得市场，创新如果停留在概念、思想和假设上，创新如果没有转化为行动和结果，

就没有任何价值和意义，而企业的本质就是实践。

事实上，低科技含量的社会创新或者市场创新，不但更容易发现机会，而且实施周期更短、效益更大，而基于新知识尤其是高科技的创新，时间跨度大、风险高、成功概率小得多。

即凡能使现有资源的财富生产潜力发生改变的事物都足以构成创新，如将卡车车身从轮子上卸下来，放置于货运轮船上的想法没有多少新技术，集装箱这个创新并不源于科技，而是来自于将货轮视为一种物料运输设备而不是一艘船的新认知，最主要的目的是尽量缩短货轮在港口停泊的时间，这就是"集装箱运输之父"——美国货车司机马尔科姆·麦克莱恩在1946年研制发明集装箱时的初衷。但这项平凡的创新，却使远洋货船的运载能力大约提高了4倍，并因此拯救了船舶运输业。

像美国宝洁、3M这样的美国百年企业，都是虽老却充满活力，致力于创新，始终引领行业发展，究其原因，就是面向市场，在企业内部建立起了一套创新管理机制，不断满足市场的需求与发展。

企业创新的原则

美国硅谷等大量企业的兴衰成败证明，企业创新要基于以下基本原则：

（1）企业不要一味地尝试为未来而创新，要专注于为现在而创新。

（2）企业创新无须多样化，但需要专注，有效的创新始于细微之处。

（3）创新若要行之有效就必须简单明了，目标明确。

（4）要想取得成功，企业创新者必须立足自己的长处。

（5）创新是一项工作，创新的成功需要勤奋、毅力和持之以恒。

创新必须把力量放在自己的长处上，这一点其实日本也做出了很好的示范，日本在20世纪后半叶崛起为世界第二大工业强国，并没有走高科技自主创新的道路，相反其策略是创新性模范或者企业家柔道。日本被公认为非创新者，而是模仿者，因为就整体而言，日本人并没有产生令人瞩目的技术或科学创新，他们的成功源于社会创新。特别是在美国人的原创基础上加以改进，然后通过市场创新去打败原创者（如丰田的精益生产模式）。

企业创新的机遇来源

成功的创新者都相当保守，专注于机遇，而不是冒险。有目标、有系统的创新始于对机遇的分析，而对机遇的分析则始于对创新机遇的来源进行彻底的思考。

美国企业界普遍认为，企业创新机遇的来源主要有七个：

（1）意料之外的事件。

（2）不协调的事件。

（3）基于程序需要的创新。

（4）产业结构或市场结构的变化。

（5）人口的变化（依据统计数据）。

（6）认知的变化。

（7）新知识的出现（包括科学的和非科学的）。

世界连锁快餐行业巨头麦当劳的成功就源于意外的事件，麦当劳的创立完全是因为其创始人雷·克罗克注意到了他的一个客户的意外成功。当时，克罗克正在向汉堡店推销冰淇淋机，他注意到了他的一个客户有一个远在加州一个小镇经营汉堡包的店铺，购买了几倍于其店铺规模所需的冰淇淋机。他通过调查发现，这位客户通过将快餐作业加以系统化而革新了快餐业的经营模式。于是，克罗克买下了他的快餐店，并在原先业主意外成功的基础上，将它不断发展壮大。

时至今日，麦当劳已经成为全球商业模式跨界创新的典范，麦当劳的收入来源已不局限于汉堡和薯条，而是房地产营运收入、加盟服务费收入和直营店利润收入三分天下。

　　美国企业创新成功的关键还在于创新文化深植于每一名员工心中。宝洁公司在辛辛那提的总部旁设立了一个既宁静又充满创意的小剧场，以让员工远离喧嚣的闹市，静下心思考创新策略。在通用电气公司，有个著名的 LIG 项目（由领导力 Leadership、创新 Innovation 和增长 Growth 构成），定期组织员工团队参加，这个项目为通用电气带来大量的创新火花，保证通用电气的有机增长。

　　宝洁的创新培养项目设计基于产品，通用电气的创新培养项目基于战略和领导力，但其都是针对员工，目的是培养全员的创新文化，这也是成长中的中国企业所最需要的。

从顺丰"嘿客"看21世纪跨界创新

祖　林　零牌顾问机构首席顾问

快递"嘿客"：一不小心就动了别人的奶酪

2014年5月27日，顺丰在全国范围内首开41家"嘿客"店，拉开了顺丰进军连锁便利店的序幕。

与以7-11为代表的传统便利店不同，"嘿客"店并没有满货柜的饮料零食，取而代之的是两台超大尺寸的选购下单屏幕，以及一排可供手机扫码下单的虚拟商品，食品、服饰、母婴、数码、家电统统都在其中。"嘿客"充分运用互联网思维，对社区服务进行强力整合，顾客可通过手机扫码或者店内网络下单购买，之后可选择门店自提，也可送货上门。

除了试穿试用的样品外，"嘿客"店内不设库存，甩掉了困扰零售行业多年的库存包袱，顾客可以在店内代寄、代收快递，更加便宜；还可以到货试穿，不合适或不喜欢可直接取消购买，不用承担任何费用，省去了以往后续交涉、退款、退货的复杂手续。

对消费者而言，网上售卖的商品千奇百怪，但很多都需要用户进行实际体验，最典型的就是家电、3C、生鲜、服装衣帽等，当电商通过技术手段解决视觉和听觉问题后，却面临触觉、味觉和嗅觉等阻碍，而"嘿客"门店提供的预售、试穿等服务恰好解决了这一问题。

一不小心就动了别人的奶酪。运用快速配送、客户群体和市场覆盖的传统优势，通过与网络的有效结合，快递公司进军连锁便利店行业，不但对传统连锁便利店产生巨大冲击，也分了网络电商一杯羹，这也标志着顺丰快递迈开了多元化战略的第一步。

跨界创新：相互动奶酪已成常态

实际上，在技术飞速发展的今天，行业之间和企业之间相互动对方的奶酪已成常态：京东商城的崛起使国美和苏宁等传统家电连锁企业措手不及，电子商务冲击"渠道为王"模式；智能手机的兴起使数码相机、录像机、收音机和计算器销量锐减；阿里网络银行让传统银行一年少赚 250 亿元，互联网银行势必重塑金融格局……

这一切都是因为跨界创新。

跨界创新是相对线性创新而言的。传统的线性创新也被称为方向性创新，是在既定的技术领域对产品和服务进行研究和改进，旨在提高资源的效率，对专业技术要求很高，可预见创新的结果，如气门正时控制（VVT）技术可以提高汽油的燃油效率，被广泛运用于汽车工业。

跨界创新又被称为交叉创新，打破画地为牢的思维壁垒，突破固有边界的束缚，通过不同领域的碰撞、交叉和结合，寻找创造性的创新灵感。

如果说线性创新是渐进性的，跨界创新则是突破性的。跨界创新带来的剧烈变化往往出乎意料、令人惊喜，其结果是开拓新领域、创造新方向，引导未来几年甚至几十年方向性创新，以全新的途径影响世界。

虽然跨界创新很激烈，却可以用或大或小的方式完成，大大小小的跨界创新正在不知不觉中改变着人们的生活：电子登机牌是传统机场服务与网络的跨界结合，网上银行是传统柜台服务与网络的结合，美国企业聘请中国员工在北京为美国工厂做安保服务……

摆脱旧局，开创新局，跨界创新改变世界。由于技术的发展和社会的变化，跨界创新使行业间和企业间相互动对方奶酪成为常态：谷歌开发无人驾驶汽车、制定美国标准，传统汽车制造商可能沦为谷歌的"打工者"；从 MSN 到 QQ、微博再到微信、微话，传统电信运营商的短信业务、通话业务锐减，于是出现了"微信要收费"的闹剧；网络成为人们的生活方式，报纸、杂志等传统纸质媒介销量锐减，苦苦挣扎……

正所谓有人欢喜有人愁。跨界创新在推动社会进步的同时，也改变着行业形态和利益格局，一次又一次的行业重构给企业带来挑战，也带来机遇。

跨界创新的"梅迪奇效应"

13 世纪末期，在意大利商业发达的城市，新兴资产阶级中的一些先进知识分子借助研究古希腊、古罗马艺术文化，通过文艺创作，宣传人文精神，后扩展到西欧各国，于 16 世纪在欧洲掀起的一场声势浩大、影响深远的思想文化运动，带来一段科学与艺术的革命——文艺复兴揭开了近代欧洲历史的序幕，被认为是中古时代和近代的分界，也被认为是封建主义时代和资本主义时代的分界。

梅迪奇家族是佛罗伦萨中世纪时期深具影响力的家族，来自这个银行家族的多位人士共同支持艺术家、科学家、文学家、哲学家、宗教家、政治家等多层次和多领域的人士相互交流、共同创作，期间梅迪奇家族结合其他家族进一步跨大发展层次与范畴，1434 ~ 1737 年，梅迪奇家族的影响力促使佛罗伦萨成为当时最具创新与创意的国度，文艺复兴的发展更与此息息相关，进而奠定了人类历史的巨大变革与文艺科学等多元思维发展的里程碑（见图 3.1）。

人们生活在各自的生活和工作领域中，时间长了，便受困于一个小小的领域，自觉或不自觉地掉入"瓶颈"，慢慢地失去了想象力和创造力，也失掉了改变和更新的机会。思维壁垒是创新的最大制约。

梅迪奇家族支持跨界创作引发文艺复兴运动。人们把不同领域交会的地方叫做"异场

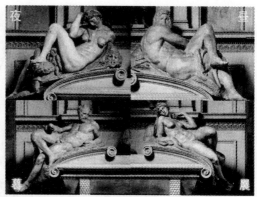

图3.1 梅迪奇家族支持跨界创作引发文艺复兴运动

域碰撞点",当你进入不同领域,接触不同的科目或文化时,各种观念和文化会产生冲击,不同场域的碰撞会产生新的火花,这种冲击和火花可以整合不同的特质,产生大量杰出的新构想,这种异场域碰撞所爆发出来的惊人创新,被称为"梅迪奇效应"(Medici Effect)。

诸子百家也是跨界创新带来社会兴盛的典型例子。诸子百家是春秋战国时期各种学术派别的总称,流传最为广泛的是儒家、道家、阴阳家、法家、名家、墨家、杂家、农家、小说家、纵横家。诸子百家思想大鸣大放正是君主跨领域的养士风气所造就的(见图3.2)。

不同领域、不同规律和不同文化交叉碰撞、思考,获得出乎意料、令人惊喜的创新灵感,进而转化为新产品、新服务、新商业模式,开拓一个全新领域,为个人、团队或企业创造新的支配空间,甚至引来追随者——这就是跨界创新的魅力。

人们对于跨界创新的研究由来已久,真正成体系的研究是在20世纪末。国内关于跨界创新的介绍散落在各种新闻当中,系统研究尚未展开,跨界创新却越来越引起诸多国内专家学者和企业家的重视。

在企业界,历史上的跨界创新案例数不胜数:麦当劳从卖汉堡包到全球商业地产商;通用电气从做电灯泡到产融结合,GE大学为各国政府培养经济官员;IBM从做硬件到做软件再到目前做全球咨询、智慧服务;海德堡印刷机械从生产印刷机到为客户提供远程诊断、系统集成、人才培养、新厂规划等全套服务,成为由加工型制造向服务型制造转型的全球典范……

图3.2　君主跨领域养士风气造就诸子百家的社会兴盛

企业创新的三条跑道

人有生老病死，产品也不例外，产品有生命周期，企业也有生命周期，而企业的生命周期与产品生命周期密切相关。

放眼历史长河，企业之间比拼的是生命力，更多的是比拼反应速度、应变弹性，更高的是拼附加价值，更强的是拼生命力——企业在极端环境中的生存能力。做大光荣，做强舒坦，做久宁静。

唯有创新，企业才能不断跨越前后生命周期之间的"死亡谷"，做强做久。

企业创新有三条跑道，包括商业模式创新、产品/服务/市场创新和运营创新（见图3.3）。

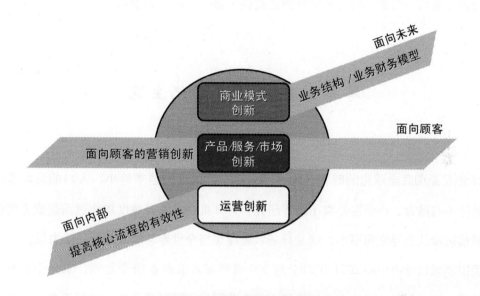

图3.3 企业创新的三条跑道

商业模式创新是面向未来的创新，主要是对企业的财务结构、业务财务模型（盈利模式）进行创新。麦当劳从快餐经营跨界到商业地产、IBM从软件服务到政府咨询、GE从工业生产到产融结合，这些都使商业模式发生了重大变化，是创新，是超越。

产品/服务/市场创新是面向顾客的营销创新。显然，从传统手机到智能手机、雅马哈钢琴开办音乐教室、中国高铁参与美国市场竞争，这些都是基于技术的营销创新，可以直接改变企业的收入结构。当前，任何一家手机制造商如果不能在智能手机市场上站稳脚跟，那就是在"等死"——因为，由于通信技术的巨大进步，传统手机已经成"瘦狗"，逐步退出市场。

运营创新是面向内部的创新，旨在提高核心流程的有效性。最近十年，中国企业都热衷于实践精益生产，以减少浪费、缩短交期，其本质就是提高企业资源的经营效率。

比较而言，运营创新能够节流却不能开源，产品、服务和市场是有生命周期的，只有在商业模式创新的前瞻性引领下创新产品、服务和市场，以运营创新助推战略落地，企业才能适应技术进步和社会发展的要求。因此，在这三条创新跑道上，商业模式的创新越来越受到企业家的重视，它是战略性的、源头性的、决定性的。

跨界创新恰恰为企业的三条创新跑道提供了强有力的"助推器"。

跨界创新成为 21 世纪主流

21 世纪是彻底全球化的时代，地球越来越平，地球村越来越小。人口的流动带来跨文化的冲击与融合，科学家热衷于跨界研究，计算机技术发展速度加快进而促成方向性创新，通信进步让世界变得更小，这是异场域碰撞在当今世界勃然兴起的三股力量。

美国创意领导力中心 2011 年对全球 500 强领导者的调查研究发现，未来企业发展有五大趋势：创新领导力成为企业核心能力，企业间建立联盟或合作，发展更多元的员工人才，开发全球新兴市场，培养全球化的职业经理人。其中，全球化、多元化与跨界创意是未来企业发展趋势的关键内涵。

坊间流传的比尔·盖茨和杰克·史密斯的"历史"故事说明了全球跨界创新不可阻挡的趋势。

20 世纪末，在比尔·盖茨和通用汽车公司的 CEO 杰克·史密斯之间有过一次争论。

比尔·盖茨说："如果通用汽车像电脑行业那样跟得上技术发展，我们都将驾驶每加仑汽油行驶 1000 英里的 25 美元的汽车。"

杰克·史密斯则用讽刺的口吻回应说："万一电脑在我驾驶的时候死机了怎么办？"

比尔·盖茨指责通用汽车不如电脑行业，跟不上技术的发展，而杰克·史密斯则嘲笑汽车如果电脑化会出现死机、没电等可笑的结果。

今天，任何一部汽车都是一台大型计算机。系统和软件唱主角，硬件则由主角退居为配角，已经是不争的事实，这是典型的跨界创新。

由传感技术、计算机技术和通信技术组成的信息技术正以前所未有的速度和力量改造着传统世界，"地球再造"已成21世纪浪潮。

风险与机遇并存，创新可能是"找死"，不创新则是"等死"。在加速度发展的21世纪，跨界创新成为人类创新的主流，突破产品生命周期和企业生命周期的局限，企业要不断跨越"死亡谷"、做到基业长青，必须在商业模式、营销模式和运营模式三条跑道上有所突破，通过跨界创新找到战略转型的方向，通过组织变革将战略转型落地，在这一过程中锻造企业DNA，构建企业生命力。

跨界创新——企业突破发展"瓶颈"的不二法门。

跨界创新——企业家国际化发展的必由之路。

从研发创新到精品质量

——浅谈瑞士中小企业的制胜之道

怀海涛　零牌顾问机构资深顾问

瑞士，一个由银行家、钟表匠和奶酪师构成的国家，实现了现代工业文明与自然环境的有机结合，空气清新，风景如画。

瑞士，全球最大的离岸金融中心，超过伦敦、纽约和法兰克福，占有全球 35% 的金融市场份额，被公认为国际资产业务管理的领导者，举世闻名的国际金融之都。

瑞士，一个只有 800 万人口，4.1 万平方公里（两个北京大小）国土面积的欧洲"小国"，却在金融、机械、钟表、化学、食品等众多领域占据全球主导地位。

带着对全球金融之都和欧洲世界级制造的向往，作为中山大学"品质探访之旅"的随团点评教授，我们一行 30 人历时九天，深入瑞士、德国、荷兰，探访欧洲企业的成功之道，也让我们近距离接触了瑞士、瑞士制造以及瑞士企业。

瑞士中小企业的发展现状

提到瑞士，大多数人的第一反应都会是那秀美的湖光山色、享有盛誉的瑞士银行、名贵的瑞士手表以及香飘世界的雀巢咖啡……诚然，旅游业是瑞士的支柱型产业，瑞士也不乏享誉全球的跨国企业，如食品行业的雀巢公司、制药行业的诺华和罗氏、电子电气行业的 ABB、金融保险行业的瑞士联合银行集团等。但是，在众多跨国明星企业背后，瑞士的中小企业也绝对是一道亮丽的风景线，值得我们去深入探索和学习。

同欧洲老牌资本主义国家一样，瑞士的中小企业也具有规模小、人员少的特点，一般只有十几人、几十人。据统计，瑞士中小企业总数为 30 多万家，占全国企业总数的 99%，其中工业部门的中小企业共有 7 万多家，占工业企业总数的 98.9%，这些企业员工均不超过 250 人，其中约九成的中小企业雇用员工不超过 10 人，却提供了约七成的全国就业岗位，为瑞士经济做出了重要贡献，完全称得上是这个金融之都的支柱。

长期以来，瑞士中小企业克服国内市场狭小、周围都是工业高度发达的欧洲资本主义大国等不利条件，依靠传统的技术优势，以深加工为主，生产高度专业化，产品主要面向国际市场，为瑞士工业现代化和产品占领国际市场发挥了重要作用。

但与高度国际化的德国中小企业、立足创新的美国中小企业、精细专深的日本中小企业不同，瑞士中小企业的制胜之道在于立足产品，将产品做到极致。

产品研发创新：中小企业可持续发展的源动力

瑞士是一个极具创新能力的国家：在全世界范围内，瑞士在技术研究、专利申报、产品研发等领域都名列前茅。也就是说，瑞士国家虽小，但其在科技水平、产学研一体化及科学技术的产品转化方面都处于世界领先地位，瑞士是世界上人均科研费用最高的国家，世界上不少跨国公司也看好瑞士的科研基础和氛围，纷纷在瑞士设立各种研究中心。

早在 2009 年就曾有报道，瑞士苏黎世联邦理工大学科研人员就曾研制出一款世界最小的自动注射器，其针头直径仅为头发丝的 1/500，可在不损伤细胞的情况下向细胞内注射药物或脱氧核糖核酸（DNA）。据报道，这个纳米级自动注射器名为"液体力显微镜"，内有一根直径 200 纳米的针头，在显微镜下启动微型吸管，注射器就可以向细胞内注射药物。苏黎世联邦理工大学科研人员表示，研制出这种纳米级自动注射器是生物学和药物学研究的重大进展，其在医学、化学和材料学领域将有广阔应用前景。

其实就像上述报道一样，瑞士的研发创新立足于其支柱性产业，如医药、精密仪器、微电子技术、金融等，经过国际市场的不断磨砺，瑞士中小企业的市场敏感度、前瞻性和抵御市场危机的能力特别强，他们与国内外大学、科研机构的合作也非常密切，这就确保了企业源源不断的创新力，也确保了最前沿的科学技术及发明等能快速转换为终端产品，提升整个国家的产业竞争力。

立足产品：精品质量为品牌添金

瑞士中小企业长期以来坚持走"专精优特"路线，立足产品的不断研发创新及质量提升，力争将产品做到极致，做到行业内其他企业无法替代，从而大幅提升产品的附加价值和企业的盈利能力。

以机械制造业和钟表制造业为例，瑞士的中小企业中，近一半机械制造业是欧洲各大汽车厂的高端零配件供应商，在钟表制造业，日美的几大电子表生产企业也都依赖瑞士钟表小厂生产的电子表马达、表壳、机芯等核心零部件，以进行各种手表的装配。

瑞士中小企业十分重视产品的质量，瑞士中小企业中盛行一句话，"产品质量合格率必须是100%，99.9%都不行"。久而久之，瑞士产品便成了精密可靠的代名词，如今世界各大型体育比赛所用到的精密计时仪器，误差需要在百分之0.1秒以内，基本全被瑞士钟表企业所垄断，足以说明以钟表制造为代表的瑞士产品的质量水平。这也使得瑞士产品享誉全球，形成了极高的品牌知名度、美誉度和忠诚度。

瑞士产品的高质量建立在对生产技术和工艺水平的严格把控之下，也得益于瑞士有一大批高素质的产业工人。瑞士的职业教育系统一直沿袭"学徒制"，就业者除接受正规的学校教育训练之外，还要接受专门的职业教育培训，往往是校企合作教学，确保就业者在上岗前就具备了一定的专业技能和实操水平。同时为了保证员工技能水平和产品质量的不断提升，企业在员工上岗后仍会不断地进行再训练、再教育，而这一切都主要是通过 On Job Training（在岗培训）和 Off – Job Training（脱岗培训）来实现的。

思考：中国中小企业的转型升级之路

近年来，我国中小企业也得到了长足的发展，逐步成为国民经济和社会发展的中坚力量，特别是在解决人员就业、稳定经济发展等方面，发挥着越来越重要的作用。

但长期粗放、过快的发展，也使众多中小企业的发展缺乏可持续性，遇到诸多发展"瓶颈"和阻力，如多为劳动密集型企业、技术及管理水平低下、整体人员素质不高，企业品牌意识缺乏、创新能力及投入不足，企业效率低、能耗大、对环境破坏大等。

随着整个社会进入推动经济转型、加快产业升级的关键时期，我国的经济结构也在慢慢转向"创新、绿色、环保"的新主题。作为中国社会和经济发展重要力量的中小企业也进入了生死攸关的关键时期，那国内中小企业如何才能实现真正意义上的转型升级呢？

其实，瑞士中小企业的制胜之道就有很多值得我们借鉴和学习的地方：

（1）坚持"专精优特"路线，立足细分市场，做行业"小巨人"。

（2）保证产品质量，提升企业形象，打造企业品牌。

（3）坚持创新，加大研发投入，依托大学、科研机构等，提升产品附加价值。

（4）与世界著名大企业建立"裙带关系"，在协作配套中大显身手。

（5）走出国门，参与国际竞争，开拓海外市场。

坚持不懈，勇于创新，中国的中小企业也必将走出一条适合自己的变革之路，也必将迎来属于自己的一片青山绿水。

产品进化的 S 曲线

祖　林　零牌顾问机构首席顾问

新产品既出，老产品将亡。这个普遍存在的生命周期规律是如何形成的？为什么企业要有三代产品规划——销售一代、储备一代、开发一代？

自然极限造成的 S 曲线

世间产品无非通过物理、化学或生物方法形成。任何一代技术都有其极限：钢板不可能无限薄，蔬菜不可能两分钟长成……物理极限、化学极限和生物极限等自然极限形成产品进化的 S 曲线（见图 3.4）。

每一代新技术发明时，与老一代技术相比，其性能都没有绝对优势，因为新产品的应用量少，价格也高；随着技术改进，性能逐步提高，新技术开始被广泛应用，伴随着成本下降，相应地，老产品逐步退出市场；当技术趋于成熟时，其性能逐步接近自然极限，于是，新产品生命行将终结，人们又开始寻求下一代新技术。

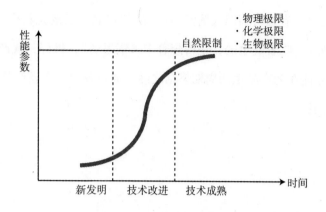

图 3.4 产品进化的 S 曲线

自然极限造成的 S 曲线族

好奇的天性推动着人类对宇宙的探索，基础科学研究使我们更全面、深入而系统地认识自然现象、揭示自然规律，获取新知识、新原理和新方法。将基础研究的成果创造性地应用于各个领域，应用研究使人们不断获得新技术。

下一代新技术开启新的 S 曲线，重复着 S 曲线，技术推陈出新，于是有了产品进化的 S 曲线族（见图 3.5）。

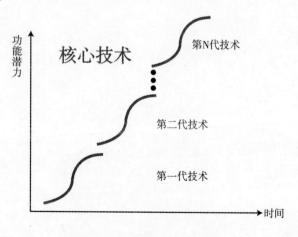

图 3.5 产品进化的 S 曲线族

　　"由来只有新人笑，有谁听到旧人哭？"新产品替代老产品既是科学技术进步的标志，也是时代发展的必然。"吃着碗里的，还得想着未来锅里的"，做好三代产品规划，加强技术研发投入，企业才能在老产品生命周期终结之际，通过及时导入新产品，成功跨越"死亡谷"，实现持续经营。

Panasonic LUMIX 揭示的强力产品之道

——窥视日本松下公司的 V 产品认定制度

木元哲　松下电器（中国）前总裁，零牌木元塾塾长

祖　林　零牌顾问机构首席顾问，零牌木元塾同修导师

"Ideas For Life"。将公司名称由"松下电器"更改为"Panasonic"的日本松下公司认为企业是社会的公器，他们认为松下创造的是让生活丰富多彩的创意，向全世界的人们提供明天的生活方式的提案，为地球的未来和社会的发展持续做出贡献。

成功转型的日本松下

人们通过《产经新闻》报道容易对日本诸多大企业得出"风雨飘摇"、"大厦将倾"的刻板印象，实际上，在经历数十年的摸索后，日本制造业早已实现新一轮转型。《环球时报》记者陈言在《日本制造业转型十年一次》总结道：对中国制造业来说，日本同行的转型既提供了家电领域竞争的机会，同样也给出了新的发展方向。

松下就是其中一个例子。2014 年 2 月 14 日，美国《商业周刊》印刷版刊登了题为《日本科技巨头一片惨淡：松下独自复苏》的文章，称松下"凭借轻巧机敏的组织把握了复兴的机会"。实际上，松下是日本大公司中目前转型最成功的一个，松下现在的主业是氢能源、智能汽车、智能住宅、医疗、电力和航空等领域，其业务形态正在由 B2C 向 B2B 转变。

日本数码相机市场的黑马

名不见经传的松下数码相机

2001 年，松下的数码相机在日本市场的占有率只有 1.1%，位列行业第 11 位，是可有可无的品牌，甚至经常听到有人问："哎——？松下还生产数码相机吗？"

当时行业老大是富士胶卷，第 2 位是索尼，第 3 位是奥林巴斯，第 4 位是佳能，第 5 位是卡西欧——排名第 1 位、第 3 位、第 4 位的都是传统光学相机厂家，排行前 5 名的公司占市场份额的 80%，历史悠久的传统相机厂家与具有绝对品牌力的索尼公司展开竞争（见图 3.6）。

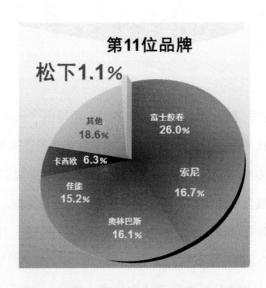

图 3.6　2001 年松下数码相机的市场占有率

生死决策：是否要保留数码相机事业部

2001 年，正是光学相机向数码相机过渡的转折点。松下虽然拥有光学相机部门，但一直不太起眼。从摄像机部门独立出来的数码相机部门也没有利润，当时正面临着战略选择：是否还要保留数码相机事业部？

让我们来详细看看当时的市场状况。购买者分析显示：新购产品占78%，更新换代和增购新品只占22%。从年龄层次来看，40 岁以下的客户占81%，50 岁以上的中老年人占19%。从性别来看，男性购买者占78%，女性仅占22%（见图3.7）。由此推导出的结论是：如果继续开发跟第一梯队品牌同样的产品，松下将永远无法战胜索尼和佳能。如果松下不拓展自己独有的顾客群，就没有生路。

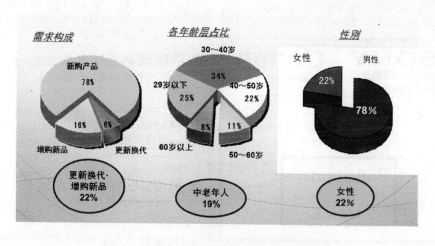

图3.7 2001 年日本相机市场客户属性分析

聚焦目标客户：松下只为女性做数码相机

索尼的购买人群是30 ~40 岁的知识阶层和索尼品牌的忠实用户。以佳能为代表的光学相机厂家的购买者，是20 ~40 岁爱好摄影的男性。

松下相机决定以女性客户为目标，开发这样的产品：让不懂相机的女性也能方便地使用具有别的品牌产品没有的独特功能。

松下相机的开发思路是：以20~40岁的女性为目标客户，通过稳定图像彻底差异化（见图3.8）——松下相机选择的独特功能是防抖：利用黑匣子技术"光学防抖"功能，不管怎么乱按快门，画面都不会抖动虚化。虽然现在的相机都具有这项功能，但在当时最初销售的时候，这是只有松下才能提供的独家技术。

当时松下相机决定的产品战略是：

（1）始终坚持为女性开发相机产品的方向不变。

（2）不断开发业界首创的女性用系列产品。

（3）逐渐增加市场占有率排名第一的独特产品。

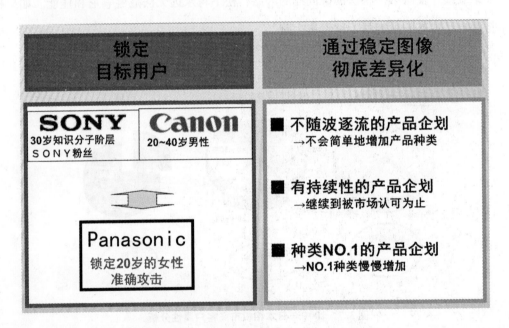

图3.8　松下数码相机的目标客户分析和产品战略

围绕目标客户，功能持续进化

松下相机确定了新的产品战略后，完全抛弃了旧有的产品线，松下相机以全新的面貌出现在客户面前，围绕20~40岁的女性消费者这一细分客户群，松下相机最先以"防抖功能"为主打概念。在随后的精巧相机上，2006 年在行业内首创 28 毫米广角；2007 年实现人工智能，开发了不论在什么状况下都能确保拍摄出清晰照片的自动 IA 系统；2008 年实现拍摄物即使在运动也能跟踪对焦的功能，等等（见图 3.9）。

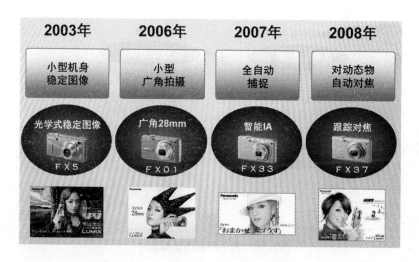

图 3.9　持续进化的松下数码相机

为什么要追踪对焦呢？20～40 岁的女性，随着年龄的增加，由恋到婚，之后有了自己的孩子，孩子是好动的，自动对焦就满足了给孩子拍照的需求。可见，在围绕目标客户需求进行产品开发方面，松下相机下尽了功夫。

品牌战略：以确立品牌标识为目标

松下相机在行业内不断首推产品，不断推出超越顾客期待的创新功能，不断让产品更新升级，同时，根据目标客户群的特点，在广告影像中邀请滨崎步作为形象代言人。滨崎步是当时的流行音乐女歌手、演员和模特，能够代表独立自主的女性形象，在女性中具有压倒性超高人气的女歌手。由此，借助滨崎步的人气，培养 Panasonic LUMIX 粉丝，使得 Panasonic LUMIX 在数码相机市场上确立了自己的地位。

日本松下的数码技术，德国莱卡（Leica）的光学技术，请滨崎步作为形象代言人，这些面向目标客户群的举措，目的只有一个：确立客户对产品的信赖，引起目标客户群的共鸣——松下相机的品牌战略是：使消费者在松下相机、莱卡技术和滨崎步三者之间建立关联（见图 3.10）。

图 3.10　松下相机的品牌战略

松下相机的市场占有率变化

根据日本市场调查公司 GFK 的统计分析，2008 年，也就是松下相机进入日本市场的第 8 年，Panasonic LUMIX 在精巧型数码相机市场的占有率为 19.4%，排名第一（见图 3.11）。能够取得这样的成绩，是因为松下相机针对女性用户群不断实施产品开发，在防抖和时尚的基础上，不断推出行业首创的产品，这是从最佳宣传与产品企划到所有部门努力开展工作的成果。在新品发布会上，松下相机对销售店提出："这种产品是专为女性开发的，请不要销售给男性。"这不是玩笑，是真话，在当时传为美谈。

顺应市场变化，拓展目标客户

2001～2007 年，数码相机市场的客户群体发生了很大变化（见图 3.12）。从 2007 年的市场状况来看，随着数码相机的普及，更新换代、增购产品的顾客占到了 71%，50 岁

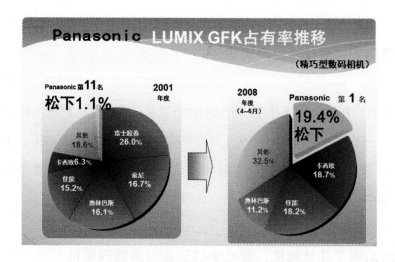

图 3.11 松下相机的市场占有率变化

以上中老年人顾客占到 32%，女性顾客占到 37%。从 2007 年开始，松下相机将目标用户层从过去的女性人群扩大到了中老年人群。2008 年，松下相机发布了同行业最轻的单反相机。

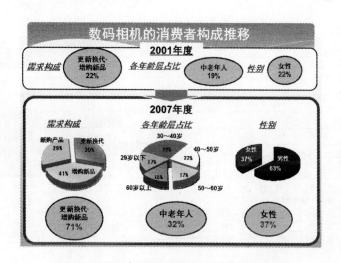

图 3.12 2007 年日本数码相机市场客户属性分析

全球相机市场容量推移及产品进化

图 3.12 显示了 1988～2008 年全球相机的销售数量。粉红色柱状图代表溴化银感光式相机，蓝色柱状图代表数码相机。1999 年数码相机登场，仅仅用了五六年，光学相机便被数码相机取代。而且，相机市场在 20 世纪 90 年代的最高销量不过 3 千多万台，因为数码相机的出现，2008 年已增长为之前的 4 倍，达到 12000 万台。

数码相机消灭了菲林相机，智能手机正在消灭数码相机

技术在进步，因而产品也在进化。根据日本相机映像机器工业会（CIPA）的最新统计，溴化银感光式相机的全球销量在 1998 年达到 4000 万台的顶峰，而数码相机的全球销量则在 2008 年达到 12000 万台的顶峰（见图 3.13）。从 2014 年开始，全球数码相机销量急剧下降，几乎快被智能手机取代了。

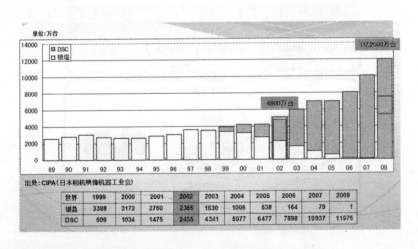

图 3.13　全球相机市场容量推移及产品进化

可是，数码成像技术在 2014 年销量高达 125000 万台的手机市场却仍然大有可为，松下相机事业转为零部件产业。

松下 V 产品认定制度：强力产品建设强力品牌

"没有强力产品，品牌就不能变强。"松下公司认为，创造强力品牌的是强力产品，提高品牌价值的公式是：

强力品牌＝产品力×市场导入力×社会贡献力×经营业绩

上述四项，任何一项弱了都无法创造强力品牌。

松下公司的产品开发严格遵循三个步骤：收集和抽选提案，明确产品概念，根据概念制定营销战略。

创造新的客户价值

按照产品三要素，产品的核心是概念。概念是什么呢？就是符合时代发展方向、符合普世价值观、能够为社会和客户创造价值的新理念、新想法、新标准。

以市场需求为先导，生产能创造新的客户价值的产品。具有创造客户价值的产品不仅是一时的开发，而且需要每年持续开发、上市这样的产品。什么样的产品符合"符合普世价值观、创造新的顾客价值"的产品概念呢？

大家不妨看看 21 世纪以来"创造了新的客户价值的产品"：美国苹果公司斯蒂夫·乔布斯主导推出的 iPhone、iPad，完全改变了只能通话、发邮件、拍照的移动电话终端的形态，将人们对便利性的追求、将模糊的梦想变成了实际的产品。

液晶大屏幕电视。显像管时代的电视最大只能做到 50 英寸，背投电视虽然有 70 英寸的大尺寸，但最大的"瓶颈"是厚度：70～90 厘米的厚度，恐怕只有豪宅才能放置吧。20 世纪电视机销售最多的型号是 32～36 英寸的产品，而现在的主流是 42～50 英寸，而价格只有当年的一半以下。

还有导航系统，有了它，即使没有地图，人们也可以去自己想去的任何地方。所以有的女性感慨：对于不会看地图的女性来说，这是比什么都重要的产品。

还有数码相机……

超出客户期望

这些畅销产品是在怎样的企业机制中诞生的呢？众所周知，苹果公司曾经由乔布斯主导，他本人对于创新产品的开发怀有极大的热情，整个公司也都充满了这种气氛，这大概是苹果公司成功最重要的原因吧。

那么，日本松下公司又是怎样做的呢？

创始人松下幸之助说："不要生产客户想要的产品，要生产对客户有益的产品。"

松下公司的产品开发一直以"对顾客有哪些贡献"为出发点，一定要超出客户的期望。如果客户能够说出他需要的产品，大概这种产品已经有别的公司在做了，企业要做的，就是忘记自己的企业身份、把自己当作客户，设想出自己看了都吃惊、看了都想要的产品。

V 产品认定制度强化松下产品力

2000 年，受到 IT 不景气的冲击，松下公司自创业以来首次出现经营亏损。为使业绩出现"V"字形恢复，并重新获得利益相关方对企业的信任，松下设立了 V 产品认定制度。V 产品的"V"字，既有英语 Victory 表达的"胜利"（竞争中取胜）的意思，也有像 V 这个字母一样快速触底反弹、一口气恢复业绩的意思。

松下总公司严格要求所有事业部门每年最少开发一种 V 产品，以总公司社长为委员长的 V 产品开发委员会开始运作，负责各事业领域经营的所有事业部长，如果未能开发出被总公司认定为 V 产品的产品，则会降低对他的业绩评价。

松下公司关于产品开发制造的基本想法和要求，都在经营理念和行动标准中明确地表达出来。而实际产品的开发责任都在事业部部长身上。

建立由总公司（跨国集团）的社长（总经理）参与的 V 产品认定制度，担任空调事业部部长的木元哲先生时年 50 岁，这在其 25 年有余的职业经历中是前所未有的体验。V 产品是预见客户面临的问题和需求，新开发的产品在解决问题的同时还创造出新的需求和客户价值。

松下公司要求各事业部每年最少一次把 V 产品企划书提交给开发委员会的负责人——总公司社长。在企划书中，必须用一句话说明这件产品将给客户带来的价值，其格式是：为客户提供……创造……的价值。

这是非常困难的事情，大家可以试试看。且不说产品，在做提案的时候，用一句话概括提案会产生怎样的价值都有一定的难度——提炼一句话说明本质确实是非常难的，但反复经历这样的过程，我们的说服力、说明力就会越来越强，日本松下公司的实践表明，这种方法十分值得推广。

此外，V 产品还必须是同行业首创的产品。事业部部长要组织创造这样的产品，必然要求各个部门的负责人完全执行日常经营活动，让事业部部长能够远离日常事务的烦恼，将主要精力集中在掌握客户的潜在需求，还有开发尚不知能用于何处的技术创意上——产品开发确实是事业负责人最重要的工作。

松下 V 产品认定制度贡献于企业经营和产业发展

Panasonic LUMIX 数码相机是松下 V 产品认定制度中的一个鲜活的案例，类似的成功产品在松下公司还有很多。虽然全球数码相机市场渐进衰退，松下在 Panasonic LUMIX 数码相机开发过程中积淀的核心技术，使之成为智能手机时代的核心零部件厂家，松下数码相机事业仍然欣欣向荣。

松下的 V 产品认定制度以及 PanasonicLUMIX 发挥的作用，不仅是为恢复松下经营业绩做出了贡献，更为整个行业扩大需求群体做出了贡献。20 世纪，基本上是一个家庭拥有一台相机，在生日、远足、孩子的运动会、结婚仪式、旅行等特别时刻拍摄照片，为孩子留下成长的记录。因为数码相机的出现，从此相机可以放在口袋里、书包里，随时随地都可以拍一张，它提供了这样的价值。最重要的是，拍照不用花钱了：不需要冲印费，不需要买胶卷，只需拍摄、记录，然后从存储卡中删除，便可从零开始循环使用——数码相机提供了这种经济性的价值。

　　如今，数码相机的基础技术，也为手机的进化做出了重大贡献。

第四篇

世界级制造

从低碳经济到低碳生活

祖　林　零牌顾问机构首席顾问

极端气候引发人类思考

近20年来，干旱、洪涝、高温热浪和低温冷害等极端气候在世界各地频繁出现，厄尔尼诺和拉尼娜现象已成世人关注的焦点问题。

厄尔尼诺现象是指赤道附近、秘鲁和厄瓜多尔附近几千公里的东部太平洋表层海水温度上升引起的气候异常现象。当厄尔尼诺现象发生时，大范围的海水温度比常年高出 3～6 摄氏度，太平洋广大水域的水温升高改变了传统的赤道洋流和东南信风，导致全球性的气候反常。

一般在厄尔尼诺现象出现的第二年，都会出现拉尼娜现象，有时拉尼娜现象会持续 2～3 年。与厄尔尼诺现象正好相反，拉尼娜现象是指赤道东太平洋海域水温异常降低引起的气候异常现象。

厄尔尼诺和拉尼娜现象都不是孤立的，是热带海洋洋流与大气相互作用的产物。中国海洋学家认为，1998 年中国特大洪涝灾害、2008 年初中国南方雪灾、2011 年西南干旱，都是由"厄尔尼诺——拉尼娜现象"和长江流域生态恶化两大成因共同引起的。

极端气候引发的灾害，往往给人类的生命和财产带来巨大损失。1982～1983 年出现的厄尔尼诺现象是 20 世纪最严重的一次，在全世界造成了大约 1500 人死亡和 80 亿美元的财产损失。

温室气体是肇因

全球变暖已经是不争的事实。根据气候观测，自 1975 年以来，地球表面的平均温度已经上升了 0.9 华氏度（0.5 摄氏度），1981 ~ 1990 年全球平均气温比 100 年前上升了 0.48 摄氏度。

全球变暖使全球降水量重新分配、冰川和冻土消融、海平面上升等，危害自然生态系统的平衡，更威胁人类的食物供应和居住环境。20 世纪 90 年代以后，随着全球变暖，厄尔尼诺现象出现得越来越频繁。

全球气候变暖虽然是一种"自然现象"，但人类工业生产加剧了温室效应，使气候变暖有加速的趋势。人类燃烧煤、油、天然气和树木，产生大量二氧化碳和甲烷进入大气层后使地球升温，进而使碳循环失衡，改变了地球生物圈的能量转换形式。自工业革命以来，大气中二氧化碳含量增加了 25%，远远超过科学家勘测出来的过去 16 万年的全部历史记录，而且目前尚无减缓的迹象。

科学家普遍认为，温室气体的大量排放造成温室效应的加剧，这是全球变暖的基本原因，温室气体当中最主要的是二氧化碳。

保护地球成为共识

工业生产造成的温室效应加剧，全球气候变暖带来一系列严重问题，全球海平面上升将直接淹没人口密集、工农业发达的大陆沿海低地地区，后果十分严重。1995 年 11 月在柏林召开的联合国《气候变化框架公约》缔约方第二次会议上，44 个小岛国组成了小岛国联盟，为他们的生存权而呼吁。

2006 年公布的气候变化经济学报告显示，如果人类继续现在的生活方式，到 2100 年全球气温将有 50% 的可能会上升 4 摄氏度多。同时，英国《卫报》表示，气温如果这样升高将危害全球数百万人的生活甚至健康，最终导致全球发生大规模的迁移和冲突。

保护地球、实现人类可持续发展逐步成为世界各国的共识。

地球保护呼唤低碳经济

面对全球气候变化，亟须世界各国协同降低或控制二氧化碳排放。保护地球需要低碳经济，人类发展需要"绿色 GDP"。

所谓低碳经济，是以低能耗、低污染、低排放为基础的经济模式，是人类社会继农业文明、工业文明之后的又一次重大进步。低碳经济的理想形态是充分发展"阳光经济"、"风能经济"、"氢能经济"、"核能经济"、"生物质能经济"。它的实质是提高能源利用效率和清洁能源结构、追求绿色 GDP，核心是能源技术创新、制度创新和人类生存发展观念的根本性转变。

低碳经济的发展模式，为节能减排、发展循环经济、构建和谐社会提供了具备操作性的诠释。

人类的低碳努力

1997 年的 12 月，《联合国气候变化框架公约》第三次缔约方大会在日本京都召开。

149 个国家和地区的代表通过了旨在限制发达国家温室气体排放量以抑制全球变暖的《京都议定书》，这是人类历史上首次以法规的形式限制温室气体排放。

《京都议定书》规定，到 2010 年，所有发达国家二氧化碳等 6 种温室气体的排放量，要比 1990 年减少 5.2%。为了促进各国完成温室气体减排目标，《议定书》允许采取以下四种减排方式：

（1）两个发达国家之间可以进行排放额度买卖的"排放权交易"，即难以完成削减任务的国家，可以花钱从超额完成任务的国家买进超出的额度。

（2）以"净排放量"计算温室气体排放量，即从本国实际排放量中扣除森林所吸收的二氧化碳的数量。

（3）可以采用绿色开发机制，促使发达国家和发展中国家共同减排温室气体。

（4）可以采用"集团方式"，即欧盟内部的许多国家可视为一个整体，采取有的国家削减、有的国家增加的方法，在总体上完成减排任务。

《京都议定书》是人类前所未有的共同努力，开启了地球保护和低碳经济的全新篇章。

低碳生产将成企业的市场准入门槛

由于 2012 年《京都议定书》第一承诺期即将到期，联合国于 2009 年 12 月 7 日~18 日在丹麦首都哥本哈根召开哥本哈根世界气候大会，各国共同商讨后认为《京都议定书》是人类共同应对气候变化的全球性行动。虽然目前尚未达成共识，但可以预见，低碳经济将成为越来越严格的国家约束，低碳经济将由国家向产业和企业渗透。

在《京都议定书》的谈判过程中，日本代表曾经提出：最有效的约束是按照行业设定阶段性的减排标准，从某一时期开始将碳排放作为企业的市场准入门槛，进行全球性的行为约束，彻底实现低碳经济。

以钢铁行业为例，规定生产每吨标准钢的二氧化碳排放量，作为全球性的标准，禁止超过该标准的钢铁生产企业销售，购买超标钢厂产品的客户将受到全球性的经济制裁。

自20世纪70年代以来，第一次全球性的石油危机使日本等国家开始重视开发新型能源。目前，节能环保技术主要掌握在日本、美国和欧盟等发展经济体手中。由于国家间发展的不平衡，日本代表的建议有其严重的不公平性，遭受到广大发展中国家和最不发达国家的一致反对，即便如此，日益严重的温室效应、日益严峻的地球保护问题将迫使人类约束自身的生产和生活方式，低碳生产未来仍将成企业生存和发展的前提，成为市场的准入门槛。

低碳经济蕴含无限机会

低碳经济是人类可持续发展的必由之路，是不可逆转的划时代潮流，是一场涉及生产方式、生活方式和价值观念的全球性革命。

中国著名低碳经济学家张坤民教授认为，低碳经济是目前最可行的可量化的可持续发展模式。从世界范围看，预计到2030年太阳能发电也只达到世界电力供应的10%，而全球已探明的石油、天然气和煤炭储量将分别在今后40年、60年和100年左右耗尽。因此，在"碳素燃料文明时代"向"太阳能文明时代"（风能、生物质能都是太阳能的转换形态）过渡的未来几十年里，低碳经济、低碳生活的重要含义之一，就是节约化石能源的消耗，为新能源的普及利用提供时间保障。

发展低碳经济，一方面是积极承担环境保护责任，完成国家节能降耗指标的要求；另一方面是调整经济结构，提高能源利用效益，发展新兴工业，建设生态文明。特别是从中国能源结构看，低碳意味着节能，低碳经济就是以低能耗低污染为基础的经济。

实际上，低碳环保、清洁生产已经突破了过去以末端治理为主的环境保护对策的局限，将污染预防、低碳减排纳入产品设计、生产过程和所提供的服务之中，成为经济与环境协调发展的重要手段。

在可持续发展理念指导下，通过技术创新、制度创新、产业转型、新能源开发等多种手段，尽可能地减少煤炭石油等高碳能源消耗，减少温室气体排放，实现经济社会发展与生态环境保护双赢，低碳经济蕴含了巨大的机会。

从低碳经济到低碳生活

低碳经济几乎涵盖了所有的产业领域。著名学者林辉称之为"第五次全球产业浪潮"，并首次把低碳内涵延伸为：低碳社会、低碳经济、低碳生产、低碳消费、低碳生活、低碳城市、低碳社区、低碳家庭、低碳旅游、低碳文化、低碳哲学、低碳艺术、低碳音乐、低碳人生、低碳生存主义、低碳生活方式。

低碳经济呼唤低碳生活。所谓低碳生活，就是尽量减少生活作息时所耗用的能量，从而降低二氧化碳的排放量。

低碳生活是一种全新的生活态度：节电、节气、熄灯一小时，保护植被、回归自然、使用低碳产品、就近消费、低碳出行……形形色色，从点滴做起。

低碳生活是一种全新的潮流，在思维和行为上改变人们的生活方式。

从大和谐到小和谐

在传统观念中，低碳环保意味着高投入。现实表明，低碳环保是一项开发性的事业，蕴含巨大的机会和无限的空间。

在企业的竞争层次当中，价格的竞争是最低层次的竞争，质量的竞争是最基础和最持久的竞争，接下来是品种的竞争、时间（速度）的竞争、服务的竞争，最高层次的竞争是低碳环保和健康的竞争。

低碳环保要解决的是大循环的和谐问题：人类的生产活动如何与地球相和谐。健康要解决的是小循环的和谐问题：人的身体微循环如何与局部环境相和谐。局部环境受制于地球气候，小和谐是大和谐当中的一部分，小和谐依赖于大和谐。

低碳经济、低碳生活，和每一个人都息息相关。

低碳改变企业竞争格局

"每节约一度电就相当于节省 0.4 千克的标准煤或 4 升净水，同时减少 0.272 千克粉尘、0.997 千克二氧化碳和 0.03 千克二氧化硫的排放。"这是日本企业对员工的直观教育，班组在推进节能降耗工作时，需要将每一项改善折算出节能、减排和增效的具体数据，这在极大程度上强化了员工的环保意识。

在中国生产就意味着参与全球竞争。相信正迈向国际化的中国企业在低碳理念的指引下，必将在全球低碳经济浪潮中不断提升经营格局，在国际竞争中大显身手。

清洁生产与碧水蓝天

——从节能减排看日本企业的格局提升

祖　林　零牌顾问机构首席顾问

　　采用清洁的能源和材料，从源头减少污染，减少或者避免生产、服务和产品使用过程中污染物的产生和排放，以减轻或者消除对人类健康和环境的危害，如今，清洁生产的概念已被大多数人接受。

从经营宗旨的十年跃变看日本企业的格局

　　2008 年 3 月，笔者随团赴日本考察了丰田、雅马哈等企业，五家企业中有三家明确提出以人类文明的进步和发展、保护地球环境为企业宗旨，这种放眼全球、放眼未来的眼光使笔者非常惊异，十几年前笔者在松下电器工作时也参观过不少日本企业，一个最深刻的印象就是：日本企业普遍以产业报国为己任，并以此作为经营理念。

　　从产业报国到贡献人类、保护地球，不能不说这是企业经营思想的格局大提升。

节能减排指标渗透到一线班组

为了人类免受气候变暖的威胁，1997 年 12 月通过的《京都议定书》规定，到 2010 年，所有发达国家二氧化碳等 6 种温室气体的排放量要比 1990 年减少 5.2%，其中日本削减 6%。

贡献人类、保护地球，日本企业不是停留在宣传口号上，而是将之落实到实实在在的具体工作中，目前，大多数日本企业已经将节能减排纳入企业经营的关键业绩指标（KPI），以松下电器为例，其广州生产基地 2004 年制定中期竞争力强化方案时即已制定未来四年的生产减排目标，并利用企业目标管理体系将之分解到一线班组，2005 年，其单位产品生产的二氧化碳排放量平均比 2000 年降低 3%，为企业创造效益数百万元。

日本企业运用其独到的改善技术和改善文化，发动全体员工参与清洁生产活动。丰田汽车的高冈工厂根据员工合理化建议，对工厂空调系统进行了集中自动化控制和变频改造，当年即节约电费 960 多万日元（折合人民币近 58 万元）。

追求碧水蓝天，实现企业可持续竞争力

与地球共存、与环境和谐相处，人们已经认识到可持续发展的重要性，清洁生产已不仅仅是一种倡议，它正通过法律法规和技术标准转化成社会对企业的约束和要求，成为企业应该承担的一种社会责任，甚至成为一种贸易壁垒（有人称之为技术壁垒，也有人称之为环境壁垒）。也就是说，高能耗、高排放和高污染的企业将无法销售从而失去生存基础。

1973 年第一次石油危机爆发，日本陷入持续三年的经济危机，巨大的成本压力、极度匮乏的国内资源迫使日本走上一条全新的经济发展模式，日本企业开始用长远的目光来看待能源和环境问题，大力开发清洁产品、清洁能源和清洁工艺，如今，在节能环保技术开发方面，日本已经成为与美国和欧盟并驾齐驱的三驾马车，企业竞争力也由此发展为国家竞争力。

随着社会进步和市场竞争，采用清洁能源、清洁材料和清洁工艺生产清洁产品已是大势所趋，企业为了提高国际市场竞争力，同时更好地承担社会责任、做合格的企业公民，务必主动、积极、前瞻性地加强清洁生产改善。

"上班路上撞死野兔，太不可思议了！"在美国工厂短期工作的经历使不少日本人对清洁生产留下了非常深刻的印象，松下电器草津工厂的小林先生更是将这种经历与企业要求的节能减排工作密切联系在一起，"现在，与动物共享碧水蓝天，日本也做到了！"小林先生不无自豪地说。京都城市中的松鼠也印证了这一点。

实际上，清洁生产已经突破了过去以末端治理为主的环境保护对策的局限，将污染预防纳入产品设计、生产过程和所提供的服务之中，成为经济与环境协调发展的重要手段。

我们高兴地看到，我国政府已将清洁生产作为一项开发性的战略工程在国家层面推动，使之成为促进国家发展的重要增长点。和所有工作一样，企业实践，班组和员工永远是企业的神经末梢，将清洁生产覆盖到该触及的地方。

广州松下——低碳节能典范

陈汉波　零牌顾问机构前高级顾问

"实践领先一步的环保，与地球环境和谐共存。"这是松下集团在 21 世纪的两大事业愿景之一。位于广州的松下·万宝（广州）压缩机有限公司（以下简称"广州松下"）无疑是这一愿景的有力倡导者与执行者，公司每年都会聘请松下本部节能专家来工厂进行节能诊断，学习日本的最新节能技术，使节能技改水平不断提高。

根据松下集团制订的绿色计划，多年来，广州松下以松下集团的绿色创意宣言为基础，制定中期 CO_2 削减规划、目标，并成立节能推进组织开展活动。以管理节能和技术节能为基轴，结合节能提案活动，积极发动全体员工参与，集思广益，CO_2 削减活动取得明显成效。2010 年 CO_2 单台降低 25%（以 2008 年为基期），能源消耗节省 818.6 吨标准煤，超额完成国家"十一五"的节能目标，实现了社会责任与企业经济效益的双赢。

管理节能

节能意识培养。利用早晚会环保部门技术专员到各部门宣讲环保理念节能知识，到现场、生活区、食堂张贴环保节能减少 CO_2 排放的宣传画册，设立环保节能管理看板，揭示公司环保节能理念、方针、推进活动及取得的成果，这极大地营造了环保节能活动的氛围，提高了公司全员的环保节能意识。

节能提案活动。一是组织全员开展环保节能提案活动；二是建立、健全提案激励机制。对提案活动设立奖励机制，所有提案通过网络公开，确保员工提案100%得到回复，提高员工参与提案的积极性。环保节能提案活动根据提交数量、提案的质量效果等级进行评定，分别设立提案参与奖、鼓励奖、铜奖、银奖、金奖提案奖，按月度进行评选、公司综合早会颁奖，获奖提案，看板揭示。员工参与积极性空前高涨。2010年，围绕能源资源替代、节能技术工艺改造、设备维护和更新、过程优化控制、产品更改或改进、废物回收和循环利用、加强管理、提高员工素质8个方面提建议，共收集到合理化建议800多份，产生了168个方案，目前已实施109个，年经济效益可达1400万元。

可视化管理。为了更好地推进节能工作，对能源使用情况进行计量，公司安装了各类各级计量表，截至目前，电、LPG、LNG、蒸汽、水的二级计量表安装率已达100%；重点耗能设备上安装了能耗计量装置进行能耗管理，原动设施课的大功率空压机、冷冻机、锅炉安装了EMS能耗监测系统，通过公司网络平台，原动设施课的设备耗能情况实施实时监控。另外，在制造车间安装电子温度、湿度显示板，对现场温度、湿度自动监控，减少空调用电量。在广州松下的生活区、办公区、生产现场的照明以及生产设备等的开关上方，都贴有节能管理标示牌，明确白天、晚上管理状态标准、责任者及节能宣传口号，每台空调面板下方都贴有节能管理标示牌，分A、B类管理，明确空调冬、夏季设定温度、可开启的月份。电脑等办公设施，同样贴有节能管理的标示牌，提醒员工休息时间关闭显示器，下班关闭电脑等电源。节能标示牌不仅起到提示作用，还明确到了具体责任人，以便进行有效管理。节能可视化管理，不但减少能源的浪费，同时也培养员工节能的良好习惯。

目标绩效管理。公司能耗实行目标管理，根据中期计划年度目标，将目标层层分解到部门，以总额目标和单台目标进行考核，部门根据目标策划月度推进活动，提出改进措施，确认目标效果，反省不足，制订次月活动推进计划，公司月度经营会议汇报（见图4.1）。部门的环保节能活动，责任到班组，绩效落实到个人。如火如荼的部门环保节能活动，将公司环保节能不断推向新的高度。

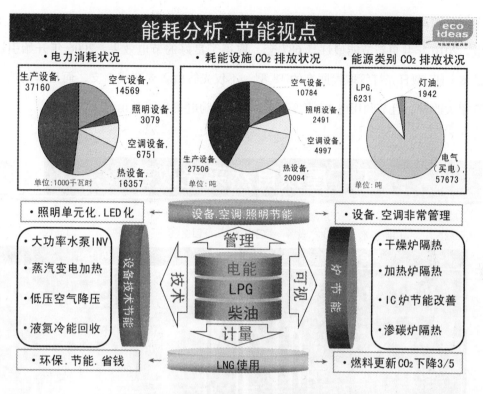

图4.1　广州松下能耗分析和节能视点

技术节能

　　广州松下一直注重技术节能的改造工作，2006～2010年，公司先后投入了1400多万元对公司的重点能耗设备进行技术改造。特别是2007～2010年，公司通过日本母公司的支援，引进两台具国际先进水平的电力监测仪，通过电力监测仪的应用，2010年对大部分重大耗能设备和多数同类型共193台设备进行了节能技术改造，通过对非生产时间、时段的油泵、水泵控制改善，大幅度提高了设备的能源使用效率，节电效果显著。

　　照明技术节能。现场照明采用区域、局部开关控制，根据需要开启照明，办公室照明采用拇指开关单独控制，做到随手关灯，楼梯、走廊内的灯安装感应装置，人走灯灭。在制造现场大力推广自然光利用技术和节能灯具的使用。通过使用采光瓦取代工场通道和部分车间的钢瓦，利用自然光代替电力白天照明（见图 4.2），在提高光度的同时也节约了用电。2010 年共更新节能型灯具 687 套，取得了良好的节电效果。2006 年开始引进高效率的 E – HF 型日光灯管取代原有的 T8 型，不仅光管由 2 支变成 1 支，而且车间的光照度也有很大改善，且节约用电 12 万千瓦时/年，节约电费 8 万余元。

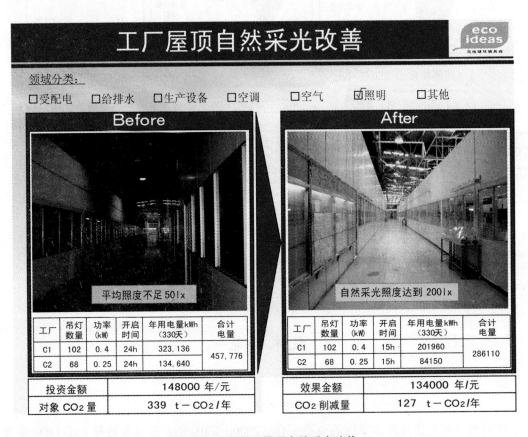

图 4.2　广州松下屋顶自然采光改善

变频技术节能。引进变频控制技术对中央空调冷冻水供给系统、工场设备大功率油泵、水泵的马达进行技术改造（见图 4.3）。通过变频技术结合自动化控制技术根据工作源的实际使用情况进行动态供给，节电效果达到 30% ~ 40%，同时在本年度新引进的设备中优先选用了变频节能型油压系统，除了用电量与原有同类设备相比下降 48% 外，用油量也下降了 70%。

冷冻机水泵变频节能改善

领域分类：

☐受配电　☐给排水　☐生产设备　☑空调　☐空气　☐照明　☐其他

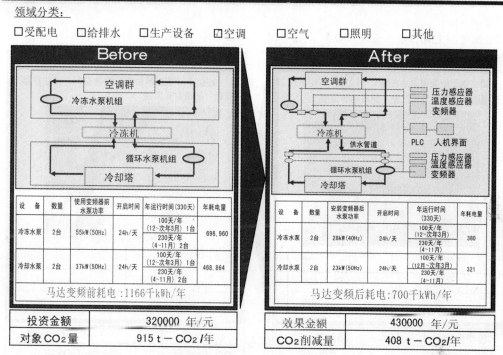

图 4.3　广州松下水泵变频节能改善

节气技术节能。对一、二工场机械加工车间内的 250 台 1250 点的气动量仪进行了节能技术改造，杜绝了以前气动量仪不使用时也一直通气的现象，大幅削减了低压空气的用量；同时低压空气压缩机的单位耗电降低 9%。通过对工厂设备使用压力的细致调查，经过不断的试验后，把动力设施课供给的低压空气压力从原来的 0.602 兆帕斯卡下调到现在的 0.55 兆帕斯卡，节约空压机用电 4%。

隔热技术节能。对工场组立车间内的 2 台表炉面温度达 55 度的烘干炉、铸造 2 台炉表面温度达 65 度的 2 台退火炉进行了隔热节能技术改造，效果特别显著（见图 4.4），经改善前后分析对比，单台 LPG 用量减少了 40%，不但大大改善了员工作业的环境，同时烘干炉的能耗费用大幅降低，取得了良好经济效益。

组立烘干炉隔热节能改善

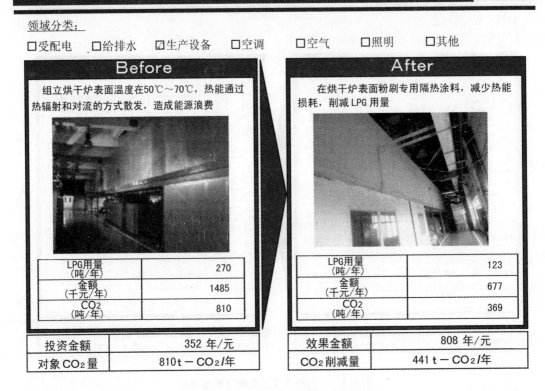

领域分类：

□受配电　□给排水　☑生产设备　□空调　　□空气　　□照明　　□其他

Before

组立烘干炉表面温度在50℃～70℃，热能通过热辐射和对流的方式散发，造成能源浪费

LPG用量 （吨/年）	270
金额 （千元/年）	1485
CO_2 （吨/年）	810

投资金额	352 年/元
对象CO_2量	810t－CO_2/年

After

在烘干炉表面粉刷专用隔热涂料，减少热能损耗，削减LPG用量

LPG用量 （吨/年）	123
金额 （千元/年）	677
CO_2 （吨/年）	369

效果金额	808 年/元
CO_2削减量	441 t－CO_2/年

图4.4　广州松下烘干炉隔热节能改善

商品绿色创意活动

松下公司围绕开发节能产品作为企业的商品绿色创意的目标，积极引导职工开展节能减排群众性技术创新活动。一是组织职工对商品进行生命周期评价和技术攻关活动，分析产品的原材料、制造、使用、废弃全过程以了解能源资源的消耗，并针对节能减排的难点和"瓶颈"问题，开展广泛的讨论和提出合理化建议，进行技术攻关活动。2010年完成了5种节能产品的研发工作。二是为职工开展技术创新活动提供技术支援。通过派遣技术人员到日本进行交流学习，或日本技术人员到公司进行技术指导，提升了公司技术人员对

节能产品的设计能力，推动环保节能工作的深入开展。

绿色推广活动

一是绿色行动宣言。通过对"绿色生活＋方式"的广泛宣传和教育，鼓励员工从日常生活中的小事做起，共同加入到保护环境的绿色行动中来。二是无车日和无烟日。将每月的 22 日和最后一个工作日定为固定活动日，鼓励员工采用步行、骑自行车、乘坐公交车等环保的交通方式，倡导员工注重健康并减少废气污染。三是环境家计簿。倡导以家庭为单位开展活动，通过在一年中对家庭使用电、燃气、水、燃油等能源的实际消耗用量和费用进行记录，从自己身边做起，逐步减少 CO_2 的排放。四是绿色宣传。通过组织员工到公园发放环境小册子、环保袋，到植物园植树，举办小学生 Eco 学院等向社会宣传环保节能理念。活动反应热烈，取得良好的社会效益（见图 4.5）。

图 4.5 广州松下环境交流活动

近几年来，广州松下在环保节能削减 CO_2 排放量的活动中，取得显著成效。2005 年 10 月获国家环境友好企业荣誉称号；2007 年 5 月被评为松下突出 CF 工厂；2008 年松下中国节能竞赛最优秀奖；2009 年 2 月获广州市环境友好企业荣誉称号。但他们环保节能步伐并没有放慢，面对新的社会历史条件，广州松下提出"致力于在所有的事业活动中削减 CO_2 排放量"。全部产品实现绿色制造，不断向节能、高效、可回收型产品挑战；节能创能活动。CO_2 排放量绝对值削减，实现能源的循环利用；削减环境负荷。向真正零排放挑战，自主监控和防治体系构筑；加速对中国的环境贡献。以节能降耗为中心，为实现可持续发展社会而努力，力争成为"中国环境贡献企业"。

广汽本田"节能减排"推进体系

李　煜　零牌顾问机构前高级顾问

广汽本田汽车有限公司（以下简称"广汽本田"）于1998年7月1日成立，由广州汽车集团公司与日本本田技研工业株式会社共同出资组建。广汽本田先后建有黄埔工厂和增城工厂两个厂区（见图4.6），合计占地面积160万平方米，现有员工总数为6800多人（截至2008年12月底），年生产能力达36万辆。广汽本田目前生产的主要产品有雅阁系列轿车、奥德赛多功能系列轿车、飞度系列轿车和CITY锋范系列轿车共四大系列21种车型。

图4.6　广汽本田黄埔工厂（上图）和增城工厂（下图）

众所周知，汽车的制造过程需要用到大量的电，有时候还会直接使用化石燃料（煤炭、石油、天然气、液化石油气 LPG 等）。不论是使用化石燃料燃烧发电还是直接投入设备中进行燃烧，都会产生大量的二氧化碳气体（CO_2）。如果这些气体没有得到有效的处理就直接排放到大气中将导致全球气候变暖，即"温室效应"（见图 4.7），所以假如工厂能减少对电和化石燃料的用量就能有效减轻温室效应。因此，在汽车生产过程中，需要在节能、环保方面实施有效的措施，推行循环经济管理模式。这不仅有利于企业的可持续发展，也是企业社会责任的一种体现。

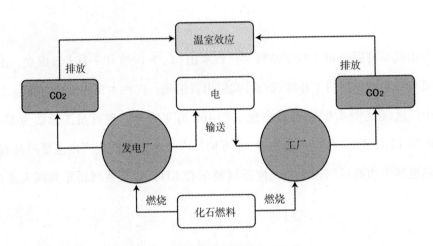

图 4.7　化石燃料和温室效应的产生

作为众多汽车企业中的一员，广汽本田希望通过自己的企业活动，对保护地球环境做出积极的贡献。在这样的理念引导下，广汽本田在公司内展开了全员的节能减排工作，围绕能源的有效利用和减少有害气体的排放开展了一系列活动，努力打造成高效率、能耗低的绿色工厂。

2007 年 2 月，广汽本田启动了全公司范围内的"安全·环保·节能"活动，并成立了总经理领导下的四个事务局，其中包括了环保事务局和节能事务局、生产与交通安全事务局及产品安全事务局等（见图 4.8）。其中，环保事务局以及节能事务局推进的工作范围覆盖了从企业内部（包括产品、工厂、企业）到供应商以及特约销售店等行业链条。节能减排事务局隶属于节能减排管理委员会，委员长一职由公司副总经理担任，负责批准节能减排计划、批准节能减排项目和落实节能减排工作费用，从规划和资金上给予大力支持。

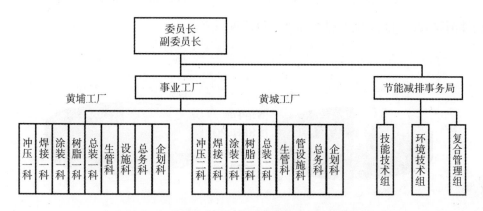

图4.8 广汽本田"节能减排管理委员会"组织架构

委员会下设事业工厂和事务局。其中事业工厂部分负责制订本部门的节能计划，提出节能减排的费用预算，按目标推进本部门、供应商和销售商的节能减排工作，并最终完成实绩报告。

事务局方面则主要负责制定公司整体的节能减排目标和计划，推进公司节能减排工作并对节能减排项目进行评审以确保工作有效开展下去。

节能减排管理委员会的成立，标志着广汽本田的节能减排工作提升到了战略的高度，从策划、组织、实施、总结、评审等各个环节确保了节能减排工作向预期的目标持续推进。

2007年5月，广汽本田以"节能、降耗、减污、增效"为核心主题，启动了"清洁生产"项目。

2008年4月20日，广汽本田在北京车展上宣布，正式启动"降低二氧化碳排放计划"，并明确提出在制造环节减少 CO_2 排放的指标，即到2010年，实现生产单台产品的 CO_2 排放量相比2005年降低6.12%，累计减少 CO_2 排放量达到5万吨。

为了实现这个目标，广汽本田在电能节约、LPG 节约以及其他辅助措施的开展上设定详细的目标，从而为减少地球温室效应做出应有的贡献。广汽本田使用的能源主要包括电能和 LPG，其中电能占总量的 62% 以上（见图 4.9），而且随着产能提升，工厂的能源消耗比例逐渐增大，因此节能减排工作就显得任重而道远。

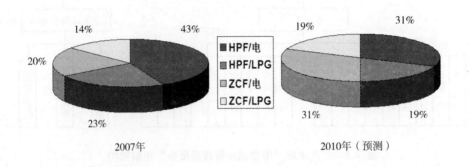

图 4.9　广汽本田能源消耗 2007～2010 年（预测）对比

鉴于黄埔工厂和增城工厂的实际情况，广汽本田分别为两家工厂的节能减排工作分别设定了单台 CO_2 排放量的远景目标，其中黄埔工厂的目标是到 2010 年相对 2005 年下降 8%，增城工厂的目标则是到 2010 年相对 2006 年下降 50%（见图 4.10 和图 4.11）。

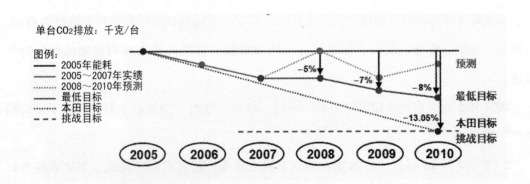

图 4.10　广汽本田黄埔工厂节能减排目标设定（折 CO_2）

除了设定高挑战性的目标，节能减排事务局还专门拟定了节能减排工作的总体推进思路（见图 4.12），并且设定了明确的推进日程和考核办法。根据总体思路，节能减排工作

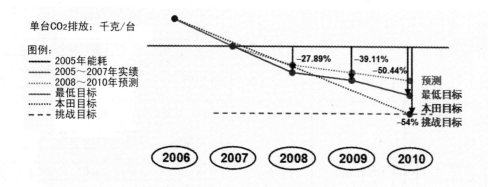

单台CO$_2$排放：千克/台

图例：
—— 2005年能耗
······ 2005～2007年实绩
········· 2008～2010年预测
—— 最低目标
········ 本田目标
--- 挑战目标

−27.89%　−39.11%
−50.44%

预测
最低目标
本田目标
−54% 挑战目标

2006　2007　2008　2009　2010

图4.11　广汽本田增城工厂节能减排目标设定（折 CO$_2$）

将按能源分为电、LPG 和其他能源三大块，其中电的节约又分成了管理提升和技术改造两部分。管理提升的具体工作内容细化到了照明、生产设备、空调、压缩空气和电力系统等6 个分支，由设施科和各部门共同推进。技术改造部分则是由照明、电机设备、空调系统、建筑物和工艺改造 5 个分支组成，同样是由设施科、发展科和各部门协力推进。另外，为了确保目标达成，节能管理委员会还和各部门签订"节能目标责任书"，在责任书上将注明各部门的节能目标。各部门节能目标的达成情况将作为年度公司先进集体、劳动竞赛优胜集体评选中的评分项目。

与此同时，广汽本田还在公司范围内开展了全员的节能改善活动（见图4.13）。广汽本田向全体员工发出倡议，办公时间尽量少开灯，并且养成人离灯熄的习惯；在休息或就餐时间把照明电器关闭；在天气晴朗时充分利用自然采光；在就餐时提倡每人只用三张餐巾纸；提倡双面复印，对大批量打印/复印进行纸张控制管理等。从小事做起，从身边的事做起，这些活动不仅培养了员工一点一滴的节能意识，也为更进一步推进节能减排工作打下了良好的基础。

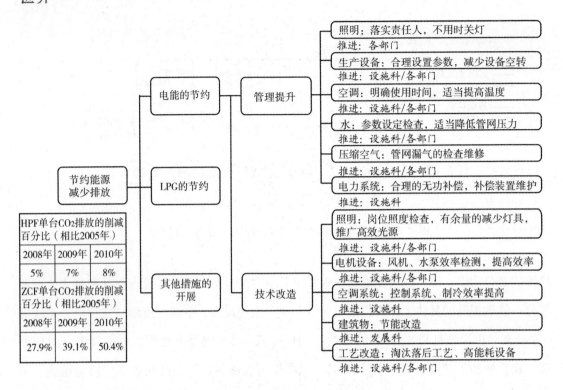

图4.12　广汽本田节能减排工作总体推进思路

序号	项目	推进者	时间	2008年									5月	6月	7月	8月	9月	10月	11月	12月	2009年 1月
				3月				4月													
				1W	2W	3W	4W	1W	2W	3W	4W	5W									
1	"节能减排"方案草拟	生产企划科	2008.3.10	●—●																	
2	节能目标确定	设施科	2008.3.20		●—●																
3	"节能减排"启动会	生产企划科	2008.3.21			◆															
4	各部门节能方案制定	各部门	2008.4.1				●——●—●——●														
5	各部门节能措施报告会	各部门	2008.4								◆										
6	同行业节能技术交流活动	生产企划科	2008.6											◆							
7	节能技术培训	设施科	2008.8													◆					
8	"节能减排"工作上半年总结会	生产企划科	2008.9														◆				
9	同行业节能技术交流活动	生产企划科	2008.11																◆		
10	"节能减排"工作年度总结会	生产企划科	2009.1																		◆

注：每月召开一次"节能减排"委员会会议。

图4.13　广汽本田节能减排工作推进日程

为了充分发挥全员智慧，调动大家参与节能减排工作的积极性，公司还围绕着资源的有效利用、降低生产成本，在员工中大力开展改善提案、NGH 等全员节能降耗改善提案活动。比如涂装一科员工陈建辉关于"减少涂装一科空调 LPG 消耗"的提案，通过调整喷漆室送风空调的温度设定，使 LPG 耗用量降低 3.9 千克/台，试行的 11 个工作日累计减少 LPG 消耗 84 吨，减少 CO_2 排放 250 吨。活动取得了良好的效果，仅 2007 年一年就收到 33961 条提案，采用率高达 65%，为公司节约费用达到 580 万元。

在活动的推进过程中，节能事务局坚持每月对管理部门进行能源使用状况检查，并召开节能交流会，在交流会上对上月的节能情况进行总结，对超标的部门进行原因分析及对策处理，同时也对上月的对策实施进行检查。2006～2008 年连续三年超额完成节能目标。2008 年，广汽本田开展的节能减排项目有 130 余项，实际节能量为 447 吨标煤，完成当年节能量 377 吨标煤的 119%，全年节约能源费 1200 余万元，全年减少 CO_2 排放 1.1 万吨以上，相当于种植 450 亩森林。2006～2008 年累计完成节能量 1167 吨标煤，完成了"十一五"进度节能目标 942 吨标煤的 124%。

广汽本田致力于成为社会期待存在的企业，不仅要为消费者提供性能优良、品质卓越的汽车，也要在节能降耗、保护环境方面做出应有的贡献。

垃圾处理也能节能环保

○ 日本舞洲垃圾处理厂 ○

赵雅君　零牌顾问机构营销管理高级顾问

垃圾处理，是各国在工业化、城市化进程中面临的共同难题。2014 年 8 月 10 日，零牌顾问机构《全球视野和国际化思维》亲子周一行 25 人走进离中心区 10 多公里的舞洲垃圾处理厂。车子还没停稳，孩子们就开始欢呼："怎么把我们带到了游乐场，不是说要去垃圾厂吗？"家长们忍不住拿出手机、相机"咔咔"拍个不停（见图 4.14）。

图 4.14　大阪舞洲垃圾处理厂外观

色彩斑斓，童话般的工厂

舞洲垃圾处理厂的全名是"大阪环境事业局舞洲工厂"，在更新舞洲垃圾焚烧处理厂时，工厂花重金请来了在环保建筑领域声名显赫的奥地利建筑师弗里登斯赖希·洪德特瓦瑟尔，为大阪设计出一座外观色彩斑斓、完全像儿童乐园的垃圾焚烧厂，是大阪8个垃圾处理厂中最有特色的一个自负盈亏工厂，主要是对一些可燃垃圾和大型垃圾进行处理，每天可以燃烧处理900吨的普通垃圾和100多吨的大型垃圾，采用24小时运转的方式，大部分是自动化运作，每个班只有10人，由于日本的人口老龄化严重，该处理厂已经有8年没有新进员工。

舞洲垃圾处理厂每年发电22000千瓦以上，除自供外，还能卖出6亿日元。让人难以想象的是，在厂房内外行走，空气中嗅不出一丝垃圾味儿——整个垃圾处理的过程，都在密闭的空间里，依靠先进设备自动处理，对周围的环境全无搅扰（见图4.15）。

图4.15　直径六米的机械爪子

垃圾处理流程：汽车会把已经分完类的垃圾拉到工厂投入 40 米深的垃圾坑，由外形酷似变形金刚电影道具的两个直径六米的机械爪子把垃圾抓起来，一次能抓近 10 吨，投进焚烧炉。经过焚烧炉里 900 摄氏度的高温分解、除臭等，最后把垃圾变成颗粒状的物质排出。这些颗粒的体积只是原来的 1/5，而重量更只有原来的 1/15。在排出的过程中，它的气体经过内部循环燃烧和一系列高科技处理后从烟囱里排出，实现了 100% 燃烧处理。处理出来的废水同时通过下水道被排走，同样要被处理到无毒无害之后才能进入下水道。

在这里，家具、电器等不可燃烧的粗大垃圾先被大型切割设备切碎成小块，还会有机器将垃圾中的铁和铝分离出来，并加工成颗粒状。经过处理之后，这些废品还能成为有用的金属宝贝，并可以直接出售。

社会责任，担负环保教育

舞洲垃圾处理厂除了焚烧垃圾，还肩负着日本环保宣传的工作，工厂大楼的二层和三层都对外开放，市民和游客只要提前预约，就可以进入参观。它将所有处理垃圾的环节进行了透明化的密封，然后在外围建起了一个系统的科普观摩走廊，不仅美观清洁，而且各种关于环保的科普动漫琳琅满目，针对儿童心理进行的研究和设计，可以让孩子亲身体验垃圾处理的流程，使其产生浓厚的兴趣（见图 4.16）。不仅儿童自己会学习垃圾分类处理，还会督促自己的父母做好垃圾分类。走在这个工厂的走廊里，像进入了梦幻乐园一样，里面有很多专门为儿童设计、介绍环保知识的大屏幕，还有一些模拟现场的小设备，孩子们自己动动手，就能体验动力发电和金属垃圾自动筛查的乐趣。从这些独特的设计就可以看出，日本的环保教育从"娃娃"抓起的良苦用心。工厂介绍人说：我们在设计的时候，考虑到小学四年级的课程就有垃圾环保这方面的内容，为了教育小学生关注环境问题，在设计上特别重视引起孩子们的兴趣，很受儿童和家长的欢迎。

图 4.16　孩子们观看垃圾无害化处理过程

介绍人还说：在日本，很多垃圾经过回收再利用，还可以发挥出很独特的作用。比如说我现在穿的这个蓝色制服，塑料瓶的成分占48%，其他成分是棉或者合成纤维，按照48%的含有量来计算的话，要做出来这样一件制服，只要几个2千克容量的塑料瓶。

环保理念，源于"精细"习惯

日本的垃圾分类非常严格———易拉罐、塑料、玻璃、纸……大家要根据它的材质区别扔进不同的垃圾桶里（见图4.17，由赵雅君拍摄）。一位在日本住了15年的朋友告诉我：政府规定了一年中回收垃圾的种类的具体时间，在规定时间里回收规定种类的垃圾，这就使得人们在丢弃垃圾时都要做到细致的分类，假如哪天不小心扔错垃圾了，"热情"的隔壁邻居会把垃圾送回你家门口。一些可以二次回收利用的垃圾，如塑料瓶、铁罐等，都要洗净后再扔到指定的垃圾箱；人们在上街购物时，大都自备布袋，减少塑料袋的使用。

本次随团教授祖林老师也告诉我们：日本国土面积狭小，资源短缺，几乎90%的资源都依赖进口。正是因为国家资源稀缺，没有任何浪费的本钱，日本国民普遍具有强烈的危机意识。源于生存和生活的压力，使日本国民逐渐养成了"精细"的习惯。日本民间流传一句话——"管好自己，不给别人添麻烦"，就充分说明了日本人意识形态里的"精细"原则。这些意识形态中存在的"精细"，让日本形成了一种节约的社会风气。比如，日本酒店房间功能齐全、干净整洁、极为精致，但空间却不怎么大；大街上极少放置垃圾筒，所有垃圾分类回收……

图 4.17　日本的垃圾回收桶

我们在离开这里时，孩子们纷纷表示长大后一定要到这样的垃圾处理厂工作。看到这样一个既先进、环保、节能，又能自负盈亏，更重要的是有非常重要的教育意义的垃圾处理厂，是不是觉得很不可思议呢？

效率改善与省人化活动
——生产革新提升日本企业竞争力

怀海涛　零牌顾问机构资深顾问

全员生产革新 TPI（Total Productive Innovation）作为企业在经济低迷时期抵御风险、发展时期提升竞争力的法宝，其作用在亚洲金融危机时已被不少日本企业所验证。TPI 的核心是彻底消除浪费、提升生产效率，通过持续的小集团活动和课题改善不断地提高质量、降低成本、增强市场应变弹性，确保企业在市场竞争中的核心优势与竞争力，这已成为日本企业界的普遍共识，并在全球范围内得到推崇。

日本企业推进全员生产革新活动时非常注重调动、发挥全员的积极性和聪明才智，实现自主改善，把缺陷和浪费从源头消灭在每一个环节，通过效率改善达到省人化，最终实现实质性的效率提升。

从效率改善到生产革新

要提高生产效率，必须先区分假效率和真效率、个别效率和整体效率。假效率是以相同的人员生产出更多的产品（即提高班组生产能力），而真效率则是以最少的人生产出仅满足市场需要的产品；个别效率是指单个工序的生产能力，显然，单个工序的生产能力高并不等于整个生产线的生产能力高。因为当某个工序生产能力低的时候，会造成前工序待工、后工序待料——由于工序能力不一致造成的工时损失使生产效率降低，所以，通过改善使各工序能力尽可能一致才能提高整体效率。

班组是企业生产的最小单元，承担着生产线（工段）的生产任务，日本企业的班组不但承担着准时制（Just in Time）交货的生产任务，持续改善也是其重要的职责，务求以最少的人员投入生产仅满足市场需要的产品，其主要方法有标准化作业、线平衡分析、瓶颈改善和工序作业改善。

（1）标准化作业。将工序作业的内容、要求和方法进行规范，设计省时、省力的作业方法，之后设定标准工时、形成作业标准，作为工序作业和作业管理的标准性文件。员工严格按照作业标准化要求实施作业，实施作业检查并记录，同时敏锐观察并及时报告变化。标准化作业是工序质量、作业效率的重要保证。

（2）线平衡分析。测定生产线各工序的循环时间（Cycle Time），将之绘制成柱状图形式的作业速度分析表并计算出线平衡损失率，将潜在的损失显现化，据此发现"瓶颈"工序、工时最短工序、工序间速度差别，之后进行线平衡改善。

（3）"瓶颈"改善。消除"瓶颈"工序是实现线平衡的关键，主要方法有：工序间分担转移、"瓶颈"工序作业改善、工序间作业内容合并和重新编排等。在线平衡改善的过程中，不但要重视工时长的"瓶颈"工序的改善，同时要注重工时短的工序的改善，将两者有效地结合起来，具体来说：消除工时最短的工序作业，将作业内容完全分担到其他工序；让工时短的工序分担"瓶颈"工序的工作量；对于前后相连的工时短的工序同时考虑作业改进；对于二人以上作业的工序考虑能否减少人员配置。

（4）工序作业改善。通过动作分析、作业流程分析和人—机联合作业分析，运用动作经济原则、作业流程经济原则、ECSR（取消、合并、简化、重排）原则和三化（专业化、简化、标准化）原则，对工序作业动作、作业配置（什么东西摆放在什么地方）、作业顺序、工装夹具和设备程序等进行优化，形成新的作业标准并执行，立足整体效率的工序作业改善使工时浪费大幅度减少、生产能力得以提高。

日本企业流传一个典型的录像（DV）案例：一位女工折叠 T 恤，生活化的方法至少要十几个动作、一两分种才能折叠一件，通过动作分析、优化作业动作并标准化，普通员工四个动作、5 秒钟即可折叠一件，而且员工学得快、上手快。

找东西不超过 5 秒种、手的移动距离不能超过 30 厘米，这些就是日本企业在现场改善中摸索出的一些实用标准，日本企业还创造出定置定位、目视管理、看板、防呆法等一系列效率化的改善方法。

大量运用工业工程技术持续进行现场改善，日本企业注重人的作用发挥，培养出大量具有改善意识和效率眼光、掌握改善方法和工具并能够数字化工作的一线骨干和班组长。

系统地、突破性地改革生产组织方式，日本企业称之为革新。流线化生产、单件流、单元式生产等生产方式创造了高质量、零浪费、零库存、低成本和快速应变等国际竞争力，日本改善技术成为全球企业学习的典范。

省人化活动和"蓄水池效应"

不论经济低迷还是高速增长，日本企业都不余遗力、持之以恒地开展省人化活动，一条生产线上需要 10 人作业，通过改善今年要做到 9 人、明年争取做到 8 人即可满足生产要求，而且质量、效率还要不断提高——日本式的改善技术在当中发挥了重要作用。

由于生产革新带来效率提升，在市场需求相同的情况下，当生产能力得到提高时，就必须减少人员，达到真效率。

比如，某生产线基于市场需求的省人化改善（B/A 分析，见表 4.1）。

表 4.1　某生产线省人化改善（B/A 分析）

项目	改善前（Before）	改善后（After）	
		第一步	第二步
市场需求	1000 件/天		
生产人员	10 人	10 人	8 人
生产时间	8 小时	8 小时	8 小时
生产能力	1000 件/天	1200 件/天	1000 件/天

续表

项目	改善前（Before）	改善后（After）	
		第一步	第二步
实际产出	1000 件/天（与需求一致）		
理论效率	12.5 件/人·时	15.0 件/人·时	15.6 件/人·时
实际效率	12.5 件/人·时	12.5 件/人·时	15.6 件/人·时
实际效率提升			25%↑
判断		假效率	真效率

由此可见，假效率是生产能力提升，而真效率则是在此基础上减少人员投入以达到实际效率提升的目的，因此，省人化是将假效率变成为真效率的重要步骤。用最少的人员生产仅满足市场需要的产品，这是日本企业生产革新的基本思想，也是市场制胜的法宝之一。

需要强调的是，省人化并不等于裁员，自1950年起丰田公司在全球范围内就再也没有任何裁员行为，由于省人化带来的富余人员被调配出来推进项目攻关、课题改善、优化管理和员工培训——这种类似"蓄水池"的人员运用方式，不但消除了员工的顾虑，进一步激发了全员改善的热忱和行动，强化了企业的凝聚力，更提高了企业对市场的应变弹性。

以丰田公司为例，每个员工平均每年给公司提出2~3个有效的改善建议，到1973年第一次石油危机来临时，这个数字更是发展到每人每年12个，全公司共收集了超过247000个改善建议，因订单萎缩而从一线"裁掉"的员工被集中起来从事大量改善提案的实施工作，其结果是不但没有一个工人下岗，还在全公司范围内消除了浪费、培养了人才，更令处于危机环境的内部员工产生强烈反响，为企业后续发展积蓄了人才资源。

日本企业持续推进生产革新和全员改善活动，逐步形成了一套有竞争优势的运营模式，大大强化了企业竞争力，为国际化竞争和全球化经营奠定了重要基础。

从 QCC 到自主研究活动

——改善文化与日本产业工人队伍培养

祖　林　零牌顾问机构首席顾问

"小改善也能创造大效益"，"不以细小而不为"，"改善不仅是减少不良品，而且是对如何完成工作的改进"，"意识改善决定业务改善"，"改善无止境"，这些都是日本企业的干部员工从语言渗透到行为的改善文化。

深入人心的改善文化不仅为日本企业创造了效益和竞争优势，同时为国家培养了规模巨大的产业工人队伍，是日本"二战"后崛起的重要基础。

全员参与的 QC 小组活动

QC 小组活动全称为质量控制圈（Quality Control Cycle，QCC），是由一线员工围绕企业的经营目标和现场存在的问题组成小组，以改进质量、降低消耗、提高效益为目的，遵循 PDCA 循环、运用质量管理的方法和工具持续开展课题改善的全员性活动。

笔者有幸与日本质量管理专家池田秀雄共事多年，关于 QCC，他说，人的本来欲望是做自己想做的事情、按自己的意愿实施并享受成功的喜悦、被他人承认的喜悦、自己能力提高的喜悦以及所在集体有成果的喜悦——人们在体育、娱乐方面获得的这种喜悦较多，在企业工作，员工大多只是为了赚钱，享受这种喜悦的机会很少。因此，通过 QC 小组活动，调动全员参与企业经营的热情，激发员工的积极性和创造性，获得改善成果并享受喜悦，创造明朗、快乐、有价值的工作场所。

这一说法使笔者对 QC 小组活动有了全新的认识和理解。日本企业的 QC 小组活动几乎覆盖到每一位员工，大量 QC 小组数十年如一日带动员工进行业务改善，这种积少成多、聚沙成塔的全员改善活动，为日本企业创造了巨大的经济效益，并形成了经营效率极限化的竞争优势。

从小集团活动到改善文化

运用小组式改善调动全员参与企业经营，日本企业称之为"小集团活动"，QCC 只是其中的一种，在现场 5S 管理、全面质量管理（TQM）、全面设备维护（TPM）、准时制生产（JIT）等管理活动中发挥着至关重要的作用。

持续开展的小集团活动几乎覆盖到企业经营的方方面面，使员工在岗位操作之外有机会发挥聪明才智、参与企业经营，更重要的是，长期的小集团活动使日本员工掌握了用心观察变化、运用数字和管理工具进行衡量、分析并解决问题的能力。

日本企业的工作服左袖上有两个小而细长的袋子，员工一般将笔、不锈钢尺放在其中，员工还会在左胸口袋中放一个小笔记本，发现问题时很自然地掏出笔、尺和笔记本，量一量、写一写、画一画，经过一番琢磨和分析，再用一页纸的报告拿出改善方案。

长期的小集团活动培养、形成了全球知名的日本改善文化。改善（KAIZEN）意指小的、连续的、渐进的改进，它要求每一位管理人员及作业人员以相对较少的费用来连续不断地改进工作。

日本企业的改善文化深入人心，甚至在生产繁忙时也不含糊。丰田汽车的每个工位都配有一根拉线，出现问题时拉线即可停线解决，他们逐步建立了暂停作业以解决问题的文化。当出现问题时，最好是暂停下来，先解决问题，避免它再次发生，使长期情况有所改善。暂停整条生产线的压力使人们产生急迫感，所有人都必须共同致力于永久地解决问题，否则，暂停生产线就会造成多余的浪费。在丰田公司里，人们知道发生问题时，他们能获得支持，由于不必害怕会遭到惩罚，他们对于提高绩效形成了共同合作的态度。难怪美国人在研究日本企业模式若干年之后赞叹：改善——是日本企业成功的关键！"KAI-ZEN"也成为全球企业通用的工作用语。

从自主研究活动到产业工人培养

QCC 侧重管理方法和工具运用，日本企业另外一种有技术深度的小集团活动则鲜为中国企业所知——就是自主研究活动，日语称之为"分科会"活动，简单地说，就是由班组长或骨干将某一工序的员工组织起来，定期学习、研究相关的工艺原理、设备结构、材料特性、作业标准、常见质量问题及其预防、安全隐患及危险预知训练（KYT）、设备点检及维护以及作业效率改善等，使员工不但知其然，还知其所以然。由于对员工岗位作业的关键业绩指标（KPI）设定目标、考核到人，每天统计公布、每周小结学习、每月排名，针对每人每天出现的 Q（质量）、C（成本）、D（效率）、S（安全）等问题，班组长对员工进行针对性的指导，使员工将日常生产与所学原理链接起来，在过程中持续进行改善，每个月进行一次总结，追求达标、推崇改善、鼓励进步、奖励优秀，业绩好的分享经验，不达标及出事故的进行剖析，使整体业绩不断提升。

并不是每一位员工经过努力都可以成为管理干部、总经理或总工程师，但是，利用自主研究活动，每一位员工经过用心学习、刻苦钻研和长期实践，都可以全面、系统、深入地掌握本领域的技术和技能，成为某一方面的专家，他们不但能把本职工作做到优秀甚至卓越，推动工艺改善和生产革新，而且能够担任内部讲师，培训新员工、培养新骨干。

长期开展自主研究活动，避免了员工在标准化作业体系中成为"头脑简单、四肢发达"的"机器"人，为日本企业培养出大量有思想、有技术、有技能、能创业绩并进行技术转移的员工群体，逐步成长壮大为有技术素质和文化素养的产业工人队伍。

从岗位职责到国家贡献

创业绩、带队伍、播文化是日本企业对干部的职责要求，也就是说，干部不但要为企业创造效益，同时还肩负培养员工和贯彻企业文化的重任。

历经 30 多年改革开放的中国，劳动力群体规模庞大，产业工人队伍却远不能满足国家发展的要求，如果一个员工在企业工作若干年，不但拿到了相应的工资，还成长为在某方面具备技术转移能力的专家，不管今后在哪里工作，这种专家式员工都是国家人才，都在为国家发展尽心尽力。

从小集团活动到一线改善文化再到产业工人培养，日本企业诠释了班组长平凡岗位的不平凡。我们可以骄傲地说：每一位班组长在为企业有效承担创业绩、带队伍、播文化三大职责的同时，还为国家培养产业工人做出了崇高贡献！

从工艺改善看竞争力提升

祖　林　零牌顾问机构首席顾问

在生产过程中，设备出现问题找设备部门解决，质量出现问题找质量部门解决，工艺出现问题找工艺部门解决，效率出现问题找 IE（工业工程）部门解决……生产出现问题呢？当然由生产部门自行解决，问题是：除了上述问题，还有多少是纯粹的生产问题呢？

已有 85 年历史的日本三菱电机 1987 年开始拓展中国事业，从事高性能产品及设备系统的开发和制造，目前在中国投资的企业已达 28 家，是目前全球尖端技术及专门知识的研发活动中最活跃的企业之一。三菱电机在工艺改善等方面的运作方法，使其生产系统具备极强的技术和营销支持能力，有效支撑了企业的市场竞争力。

正确理解生产技术要素之间的关系

设备、工装、工艺和工业工程之间到底是什么关系？和其他日本企业一样，三菱电机将它们统称为生产技术，在中国常被称为工艺技术，即工业产品的加工制造方法。产品技术使企业开发出有效满足客户使用功能的产品，生产技术使企业高效率地生产出满足客户需求的产品。

生产技术四大要素之间的关系是：设备是工艺的载体。不同的产品有不同的工艺技术，同一产品也可能有多种工艺技术，不同的工艺自然需要使用不同的设备（见图4.18）。

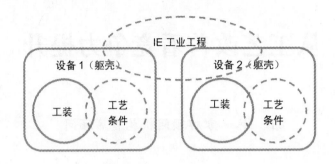

图4.18　生产技术关系

工装是设备的"芯"。同样的设备、不同的模具，可以生产出不同系列不同型号的产品，如果把设备比喻为工艺的躯壳，工装（夹具、模具等）则可以比喻为设备的"芯"。

工艺条件是工艺的"神经"。同样的设备和工装、不同的工艺条件，生产的质量、效率和效益都不同，因此，确定一套合适的工艺参数和调整方法是确保高效率生产的关键。

IE讲究整体效率。相同的设备、不同的布局方式带来的整体效率截然不同，从广州冲压、北京注塑再到上海组装，其生产浪费可想而知，IE则重点研究各个工序之间怎样改进、配合才能达到系统整体效率最高。

工艺改善带动综合能力提升

在三菱电机，综合体现生产技术的标准化作业管理体系，包括工艺流程图、工序管理图、作业标准书、工序检查表、技术和工艺规格和质量判断标准等，与一线员工直接相关的是作业标准书。

在国内企业，一般是工艺部门制定工艺、生产部门按工艺生产，三菱电机则不同，与一线作业直接相关的作业文件（如作业标准书）并不是由工艺部门制定，而是由生产部门制定。可是，生产部门对工艺并不专长，怎么办呢？通过职能配合来解决！工艺部门当然要全力支持、全情参与，与生产部门一道通过试生产确定相关作业标准，最终，作业文件一定要由生产部门的相关人员（骨干、班组长或生产主管）编制——通过这个过程，强化了生产部门对工艺技术的掌握，对设备、工装、工艺条件与质量和效率之间的关系有了初步而全面的了解。

当生产过程中出现问题时，生产人员基于上述了解很自然地想：是不是这方面有问题呢？是不是哪里需要改一改？经过初步分析，自己能解决的问题自行解决，没有把握的事情要争取生产技术部门的支持，并亲身参与其中，问题解决了，最后还要由生产部门做一份总结报告，并按标准化管理要求对相关作业标准提出修订——通过这个过程，生产部门对工艺技术的掌握又上了一个台阶，无形当中，还强化了"我制定、我遵守"、"我检查、我改善"的意识。

善打"板子"促进基础竞争力提升

在三菱电机，生产过程中出现的一般问题，不管是设备、工艺、效率还是质量问题，一般都是打生产部门的"板子"——改善的责任和压力都由生产部门承担，至于涉及专业性的技术问题，则根据职能分配由生产部门争取相关部门的支持和参与以共同解决，最终的改善结果由生产部门以事实说话、由主管领导负责。所以，三菱电机的生产干部工作压力都很大。

当然，涉及深层次的技术问题，改善的责任和压力又会相应地落实到相关职能部门，这个时候，生产部门又需要配合他们进行业务改善。

由于三菱电机建立了一套支持体系，提供发现问题和解决问题的工具和资源，部门之间为提高绩效形成了共同合作的态度，生产部门发现问题时能快速获得支持，所以生产部门往往又是最容易出成果的地方，使生产干部在压力和成果的交替之中快速成长。

生产管理做得好的人员，根据工作需要和员工职业发展规划，可以调去做质量管理、设备管理、工艺改善甚至人力资源管理。这种人员任用方式提高了人才的复合素质，又极大地改善了部门间的工作配合关系，强化了企业内部共同面对市场变化推进内部改善的能力，提高了企业的市场竞争力。

一个企业的竞争力并不只在于生产技术部门的工艺改善能力有多专业，也不只在于财务管理部门的成本控制能力有多强，同时更在于生产等各个业务部门的质量管理、工艺改善、人力资源管理、成本控制等非职能能力有多强！三菱电机的生产运营方式给了我们全新的启发。

工欲善其事，必先利其器

——企业应该建立的设备三级维护体系

祖 林 零牌顾问机构首席顾问

三级保养是设备管理的重要实施方法，也是确保准时制交货、提高生产效率的关键所在。使用部门和维护部门分工配合，日常维护与重点改善相辅相成，逐步做到变事后维护、紧急维护为计划性维护，最终提高设备适应性，改造和无故障设备策划的专业能力。

设备三级维护体系

设备三级维护体系是由基础性维护、重点性维护和关键性维护所构成的维护系统，通过预防为主、"防消"结合的互补性措施，设备使用和设备管理部门分工配合，有效提高设备综合效率，保障产品质量、生产效率和低成本运作。

设备一级维护

一级维护是设备的日常性和基础性维护，所谓设备一级维护，包括设备日常维护和确保正常运转两方面。设备日常维护是指在日常生产时对设备进行初期清扫、必要润滑、联结紧固和日常点检；确保正常运转是指提供设备正常运转所必备的基本条件，如提供设备运行所需要的电压和气压，对设备进行适当调整使其符合加工所需要的条件等。

一级维护是设备管理的重要基础，一级维护做得好，可以大大减少故障的发生频率和综合损失。

（1）一级维护的实施原则。设备能否正常、稳定、持久地运行，与直接操作者密不可分。操作者应该先了解所使用的设备的基本原理、基本结构、操作规范和日常保养等要求。使用和操作设备应严格遵守规范，不得随意进行改装和加装，以免造成设备超负荷运转，导致设备损坏，缩短使用寿命。

设备一级维护是设备有效运转的重要基础，实施频度高、时间短、难度不大，遵循"我使用我负责、我使用我爱护、我制定我遵守"的原则，即设备操作人员必须爱护设备，参与设备日常维护标准的制定，并对所使用设备的日常维护状况负责。

（2）一级维护的实施方法。和人一样，不注意身体很容易生病，不正确地使用、维护、保养，设备三天两头出问题，就无法为公司创造高效率、高效益。一级维护主要由设备操作人员负责实施，重点设备、重要项目由班组长或专业维护人员实施。

生产前：进行初期清扫，确认管路线路、安全装置、紧固件，检查运动部位及其润滑状况，必要时加油，检查设备运转是否正常，发现异常及时处理。

生产中：满足设备运转的必要条件，按照设备操作规范和具体要求，正常使用设备；生产时动态观察设备有无异常，工件质量是否合格，发现异常立即联络上司；设备出现微小故障时能自行排除，大的故障及时联络维修人员处理；因故离开设备时应停机。

生产后：清除工件并停机，检查设备是否正常，整理工位上的材料、工具和仪器，对设备内部和表面进行清扫，与对班人员进行必要的工作交接。

建立《设备点检巡检制度》是有效实施一级维护的重要手段。所谓设备点检巡检制度，即维修班组指定专人每天对每一台设备、每一个可能的故障点进行专业性的巡回检查。设备主管工程师和设备主管每天按照一定比例进行专项抽查，同时建立设备病历档案，加强设备的计划性维护。

通过点检、巡检，设备维修人员掌握主要设备的运行状况，管理人员通过抽查，考核维修人员的工作质量，《设备点检表》亦能反映出设备的运行状态，通过实施这项制度使设备故障率逐步降低。

设备二级维护

二级维护是设备的重点性和专业性维护，包括故障修理、定期维护和预知维护三大方面。

故障修理是对突发故障进行紧急抢修；定期维护是对重点设备、重点内容进行专业化的定期点检或全面检查，发现问题及时处理；预知维护是对重点设备、重点内容进行不定期的、倾向性的检查，发现问题或不良趋势，及时进行计划性维护。

日常保养工作是要靠大家持之以恒的共同努力才能完成。为了能延长设备使用寿命，提高生产效率，为公司创造更高的经济效益，在日常工作中一定要多注意、常保养，及时发现故障，及时排除隐患，从而杜绝大的故障和事故。

（1）二级维护的实施原则。二级维护遵循"职能化、专业化和重点管理"的原则，即由设备维护部门对二级维护进行专门管理，由维护人员对重点设备和重点内容进行专业维护。

（2）二级维护的实施方法。二级维护由设备维护（维修）人员负责实施，一线主管有时也要负责部分内容的实施。具体来说：指导并督促一级维护的有效实施，处理一级维护中的异常；突发故障排除；重点设备、特殊部位的润滑及换油；设备精度管理及调整；设备工夹具及常用备件管理；新设备的安装和量产调试；参与设备大修等。

相对一级维护而言，二级维护是设备管理中更加专业的内容，维护频度相对较低、维护时间更长、维护技能要求高。

有效实施二级维护，能最大限度地减少既发故障带来的损失，同时提高预见性发现故障隐患、事前维护、防患未然的能力，全面降低设备的运行成本。

设备三级维护

三级维护是设备的关键性和技术性维护，包括设备可靠性改善和维护性改善两大方面。

所谓可靠性改善，是指为了提高设备的运转可靠性，对设备结构、功能进行专业改善，减轻运行负荷、提高设备强度，从而使设备更加适合生产需要。

维护性改善是指设备更便于作业、保证质量及便于检查维护，对设备进行局部专业改善。

（1）三级维护的实施原则。三级维护遵循"抓住重点、源头分析、技术保障、专业实施"的原则，即抓住对生产影响大、损失大的重点设备、重点部位，根据设备和工艺原理，从源头进行技术分析，以专业技术为支持，由专业力量进行。

（2）三级维护的实施方法。设备改善、设备改造、设备大修、新设备及新工艺策划是三级维护四大方面，具体包括：设备综合绩效管理，一级、二级维护指导；重点设备定期保养；重要及关键设备的重点管理和维护；设备年度或半年度大修；设备局部改善；设备改造；重点备件管理及发外加工；特殊设备管理等。

三级维护由高级维修人员、设备主管、经理负责实施，必要时整合设备生产厂家、技术服务机构等社会专业技术力量共同参与。三级维护是设备维护的最高层次，对业技术和跨部门合作的要求最高。

使用部门和维护部门分工配合，还能集中优势资源进行设备及工装进行适应性改善，从源头消除故障原因，提高设备的适应性和生产效率。从长远来说，企业应该逐步提高设备策划能力，做到今后能策划、采购"无故障设备"的能力——这是全面设备维护（TPM）的最高阶段，即保全预防（MP）。

设备三级维护的分工与配合

任何一项职能管理都需要相关部门有效分工与配合，设备管理也不例外，各尽其职、相互配合，才能最大限度地减少低级错误和资源浪费，使每个部门都将主要时间和精力用在专业能力提升、高效率地履行专业职能方面。

一级维护、二级维护和三级维护，由前往后依次是前提条件。只有做好一级维护，才能使专职维修人员专心进行二级维护；只有做好二级维护，才能使专业力量集中到从源头改善设备、提高到设备投资效益上来。

操作人员：掌握应知应会，彻底实施一级维护

实施一级维护是设备操作人员的职责，是义不容辞的责任，不存在讨价还价的理由。对于一线员工来说，要全面掌握设备的操作规范，正确使用设备；全面掌握设备日常点检的基本内容、要求和实施方法，彻底实施日常维护；了解设备的基本原理和机构、功能，逐步思考设备的使用和维护特点，做到能判断异常，能自行排除简单故障。

某企业要求所有生产人员及设备管理人员做到"三好"、"四会"，即管好、用好、修好，会使用、会保养、会检查、会排除故障。发生故障后，简单的故障应该由员工、台位长或班长自行排除，排除不了的由班长联络设备保障部维修，维修后填写设备维修记录。

维护人员：加强专业指导，提高维护技能

对设备操作人员进行专业指导是专职维护人员的基本职责，通过专业指导使一线人员理解一级维护的重要性，并按要求实施一级维护，在实施过程中提高异常发现能力、简单故障的处理能力，不但能提高一级维护水平，而且使维护人员能集中时间和精力进行二级维护。

同时，维护人员还注重专业技术的学习和专业技能的提升，做到有故障早发现、早修理、早消除，最大限度地减少故障造成的生产损失；积累维护经验、提高维护技能，为设备改善、设备改造和设备策划提供参考。

生产部门和维护部门：分工合作，提高设备管理绩效

生产部门是使用部门，有责任管好、用好设备。设备维护部门是职能管理和专业维护部门，要做好职能服务工作。

职能分工和配合做得不好，往往会使生产部门和维护部门成为"冤家"。维护部门怪生产部门粗暴操作；生产部门指责维护部门修机水平太差，结果是双方都心绪不快、干活不爽。

生产部门对设备的了解非常浅薄，只知道用，不会爱护和维护，所以，由于野蛮操作造成设备损坏的事故就难以避免。

在大多数企业中，生产部门和设备部门之间大矛盾没有、小矛盾不断。生产线大大小小的问题都要找维修工处理，连一颗螺丝松了也要找维修工；有时设备坏了，维修的时间比较长或者维修不及时，生产部门就会投诉。

"维修的事情，有时是维修工的个人能力问题，但有时也与能力无关，确实需要那么长的时间"，某企业设备动力部调度长说。

其实，生产部门和设备维护部门的工作目标是一致的。相互指责于事无补，分工配合才是关键。

某企业要求一线员工每天要对设备进行清洁、加油、调间隙，由设备人员进行指导、确认；平时由维护人员对重点设备、重点部位的运行状况进行检修，根据具体设备的维护计划，利用休息日按规定频度进行定期维护；每半年对生产设备进行全面检修、大修。该企业实施的"设备循环检修法"还获得集团创新大会管理创新类"铜奖"。

各尽其职、相互配合，才能最大限度地减少低级错误和资源浪费，使每个部门都将主要时间和精力用在专业能力提升、高效率地履行专业职能方面。

设备大修的人机互动

祖　林　零牌顾问机构首席顾问

　　瑞典利乐公司成立于 1951 年，是全球食品加工和包装行业的领头羊。利乐公司早在 1972 年就进入中国市场，将先进的技术设备和完善的配套服务引进中国，在中国液态食品包装领域发挥着重要的作用。最近在日本京都举行的 JIPM 年度颁奖仪式上，利乐公司共有 7 家工厂获奖，其中有 4 家工厂荣获 TPM "优秀企业奖"、3 家工厂荣获 TPM "持续进步奖"，至此，利乐公司已有 21 家工厂荣获 JIPM 奖项。

　　JIPM 是世界权威的生产管理评估和认证机构，其在全球范围内推行的 TPM 体系，代表了世界制造业先进、全面的生产管理方式。此次获奖的 7 家利乐工厂中，利乐昆山公司获得了 TPM "持续进步奖"。他们能够获此殊荣的经验，却是在设备年度大修方面很多看似不起眼的工作方式。用他们设备负责人的话说：工作方式极大程度地影响着生产部门和设备部门的工作关系，进而决定了企业的设备管理水平和系统生产效率。

　　（1）年度大修的计划编制。一般来说，年度大修计划需要设备部门、计划部门和生产部门三方参与，以设备部门为主，一旦由于生产需要而影响大修安排时，另外两个部门的参与有利于工作安排的联动，确保出货与年度大修两不误——实际上，保证年度大修是从长期角度保障生产和出货。

　　（2）年度大修的人员安排。一般企业的年度大修都只是设备人员参与，利乐公司则不同：每年的设备大修，生产部门的骨干人员和班组长都是不可或缺的重要力量。

　　生产部门人员对设备不了解、没有办法承担设备大修的专业性工作，利乐公司就让他们"打下手"：在设备人员的指导下拆解设备，搬东西，递工具，清扫设备内部，清洗零部件，协助组装设备……就是在这个过程中，生产人员对设备结构的了解更充分了，也加深了对设备精度与生产和质量关系的理解，"我使用、我爱护"的设备管理意识得到极大的加强："拆开我们每天使用的设备，里面脏成这个样！磨损得不成样！"

别小看这"打下手"，"打下手"也会打出水平来！第一年打下手，对设备更了解了；第二年就可以将一部分一般设备的年度大修在设备部门的专业指导下交由生产部门独立进行，设备人员将主要精力放在重要设备上；第三年生产部门又可以适度参与和支持重要设备的年度大修，设备人员将主要精力放在关键设备。

（3）年度大修的活动策划。每年大修，利乐公司都重视下述两项安排：一是利用设备厂家来公司对关键设备进行年度大修的机会，安排几次重要的设备和工艺技术培训，由设备厂家的技术人员对设备和生产等相关人员进行专题授课，提高内部技术能力。二是大修期间不忘安排几次聚餐，生产、设备和厂家人员在繁忙而紧张的大修工作之余能放松身心，换一种方式交流，不但能促进彼此了解、加强工作感情，还能巧妙地消除隔阂、化解矛盾，更好地开展设备年度大修工作。

（4）年度大修的人员培养。利乐公司还注重在上述过程中从生产部门发现设备管理好苗子，将对设备管理有兴趣的骨干员工培养成一定水平的设备管理专长，强化生产部门的设备管理能力，必要时结合工作需要和员工职业规划，将之调到设备管理部门，促进员工的职业发展。

上述安排方式不但强化了生产部门对设备管理的意识和能力，更使设备部门集中资源做好更重要的、技术性更强的工作内容，利用设备厂家的技术力量，每一次大修都使设备专业技术上一个新台阶，培养出若干技术专才。

好钢用在刀刃上。自身技术水平提高了，对外部力量的依赖就会逐步减少，以前大修时需要设备厂家支援十天，现在只要六天！

从"我使用、你修理"到"我使用、我维护"、"我使用、我爱护"，从被动"救火"到事前预防再到预见性改善，从生产部门和设备部门各行其是到双方既分工又配合，通过彻底的设备故障成因分析，消除设备六大损失、提高设备可动率，最终实现一体化作战，达到"人机互动"的新境界。

　　"将故障解析和设备适应性改造的经验用于改进设备，策划和购买到不出故障的新设备！"利乐公司在华企业的管理实践为我们诠释了设备管理的新意义。

　　通过人和设备的体质改善达到企业的体质改善，这是 TPM 活动追求的至高境界。

跨越式成长的民营企业：必须重视基础管理

——泰豪科技公司的案例研究

欧阳桃花　祖　林　郭南芸　王　耕

北京大学 2005 年第一届中国管理案例研讨会论文

本文以民营企业——泰豪科技为研究对象，从科学管理原理视点探讨和分析中国民营企业的管理现状、原因、对策。通过对泰豪科技的案例调研，再现了中国民营企业在二次创业时，遇到的困难及其原因以及如何寻找解决方案与对策。通过案例研究得出，基础管理是民营企业存亡的分水岭；以 5S 管理为突破口，提高基础管理；科学管理原理对于提高中国民营企业的基础管理具有指导作用与现实意义。

21 世纪的中国逐渐成为一个令世界瞩目的工业生产大国，所制造的产品在世界市场上所占比重显著提高。虽然国内外对于中国在 21 世纪能否成为世界制造业中心还存在一定的争议，但不可否认的是，中国制造业在世界产业链中正扮演着越来越重要的角色。[1] 2004 年，民营企业对国民经济的贡献率超过 60%，在中国制造业的发展过程中，是一支生机勃勃的主力军。民营企业的成长与我国制造业在世界产业链的地位休戚相关。

改革开放后，尤其是在中国共产党第十六次代表大会上，明确指出要放宽民营企业的准入领域。给民营企业创造了空前有利的发展机遇。一方面，市场机会不断涌现，给民营企业的发展带来很大空间。一般来说，在中国特定的历史环境下，民营企业在创业头几年可能达到三位数以上的增长速度。另一方面，民营企业的内部管理水平又制约了其进一步发展。因为我国大多数民营企业来源于个人创业，带有比较浓重的家族主义色彩，大部分

---

① 胡立君，陈静. 中国打造世界制造中心的路径依赖初探 [J]. 中国工业经济，2003 (1).

民营企业还延续着家族式管理。还有一部分民营企业脱胎于国有企业，通过改制等方式走上了民营道路，这些企业带有国有企业的计划经济特点，人员结构不够合理。截至目前，我国民营企业的基础管理从整体上来说处于比较低的水平。① 有学者做过统计，1993 年以前私营企业平均存继周期只有 4 年，2000 年提高到 7.02 年。一直以来，民营企业"一大就乱、一乱就死"成为了一个走不出的怪圈。为什么民营企业获得原始积累后，面对不断出现的市场机遇，谋求更大发展时（也叫第二次创业），却加速走上一条死亡之路。

综观世界制造业比较发达的国家，如美国、日本等，他们整个制造行业的基础管理都是相当优秀的。他们拥有不断更新的管理理念和科学管理方法，能支持企业几十年甚至上百年的发展，这些企业的子公司遍布全球，规模庞大却仍然运转自如。在现代制造行业中，基础管理水平的高低决定着核心竞争力的强弱。决定企业竞争力强弱的成本、质量、交货期、制造柔性等重要因素都源于生产现场的基础管理水平。

历史将赋予中国制造业在世界产业链中越来越重要的角色，而民营企业如何能肩负重任，如何能顺利越过跨越式成长的障碍，如何能面对变化更快的竞争环境，通过管理的不断创新来培育和保持企业的竞争力。本文通过民营企业的典型代表——泰豪科技股份有限公司的案例，探讨民营企业实现跨越式成长所面临的困难、原因以及对策。

泰豪科技的成长

泰豪科技股份有限公司（Tellhow，以下简称"泰豪科技"）于 1996 年 3 月成立，公司创始人为黄代放，是一家智能建筑领域的高科技企业。在智能建筑领域，拥有设计、制造和安装智能中央空调、智能发电机组、智能电力设备等楼宇智能化电气产品的综合实力。2002 年 7 月 3 日，该公司在上海证券交易所上市，总资产为 8.16 亿元。成为国内智能建筑电气产业领域首家上市公司。2003 年销售额为 4.42 亿元、员工 890 人；2004 年销

---

① 韩天放. 民营化重组来了［J］. 企业管理，2003（12）.

售额为 7 亿元、增长 58% ，员工人数为 1895 人 。

2003 年 9 月，泰豪科技通过了 OHSAS18001（职业健康安全管理）体系认证，成为江西省机械行业首家、国内为数不多的通过 ISO9001（质量管理）、ISO14001（环境管理）和 OH-SAS18001 三大体系认证的企业。2004 年 6 月，该公司与 ABB 公司签订了发电机制造合作协议，表明该公司的发电机研发与制造能力被世界跨国公司认可，达到出口到欧洲的水平。2004 年 9 月，泰豪科技被授予"全国质量管理先进企业"称号。2004 年 12 月，国家建设部发布"关于公布 2004 年建筑业企业资质升级企业名单的公告"中，泰豪科技获"建筑智能化工程承包一级"资质。被国家科技部认定为"国家火炬计划重点高新技术企业"。

到 2004 年为止，泰豪科技已经形成了一个总部（南昌）、三个本部（上海、北京、深圳）、11 个代表处（武汉、广州、青岛、重庆、郑州、西安、长沙、成都、南京、济南、沈阳）的国内营销网络。另外有四个事业部：电机事业部、空调事业部、电力电气事业部、军工产品事业部等。

泰豪科技的诞生

从 1988 年 2 万元资本下海创业发展到现在的数亿元资产的高科技上市公司，泰豪科技创始人黄代放走过了一条艰辛的、有着中国知识分子特色的创业之路。

1986 年，黄代放从清华大学汽车系毕业，怀着"回到家乡，报效父老"的雄心壮志，被分配到南昌市科委下属工业技术开发中心从事科技开发与应用工作。两年后，在江西清华校友会的支持下，黄代放放弃了事业编制的"铁饭碗"和安逸工作，创立了泰豪公司，致力于信息技术的应用与发展。随着公司业务的扩大，泰豪公司与清华大学校办企业的交流也日渐频繁，开始探索一条与高校合作发展高科技产业的道路。1996 年 3 月，以泰豪公司为基础，引入江西清华科技集团有限公司的资金（初期投资 1000 万元），成立了"江西清华泰豪科技电器有限公司"，启用"泰豪科技"（TELLHOW）作为公司品牌。1997 年10 月，清华同方参与该公司增资扩股，公司资本金扩大到 5000 万元。

1998 年，泰豪科技兼并了江西省国有企业——江西三波电机总厂（简称"三波电机"），以此为中心组建了电机事业部。这一举措在泰豪科技的成长中具有十分重要的意义，由"资本与科技"运作软着陆到产业发展，由此确定了企业发展方向。之后，泰豪科技成功化解了被兼并企业员工的抵触情绪、解决了管理体制、人员分流与身份置换等难题，用智能科技改造传统发电机组，开发新产品，使原来负债缠身的企业迅速摆脱困境，发生了脱胎换骨的变化：人员少了一半，产值翻了几番，产品市场占有率稳步提高。

成功迈出资本扩张的第一步之后，泰豪科技加快了资本扩张的步伐。2002 年 7 月 3 日，在上海证券交易所挂牌上市。同年利用清华大学的技术优势，开始了空调事业。2003 年底，在清华大学成立清华控股有限公司之后，泰豪科技脱离了清华大学校办企业的身份，正式更名为泰豪科技股份有限公司。

企业成长中的问题

泰豪科技如同其他民营企业一样，在发展之初，偏好资本运作，注重企业的快速发展、不断地开拓市场，扩大企业规模。相比外部市场与产品开发来说，对企业内部管理重视不够。当企业发展到一定规模时，内部组织膨胀，管理跨度增大、企业内部交易成本提高，内部管理跟不上。表现为企业拿到了订单，车间却生产不出或不能按时交货；即使按时交货，也保证不了质量，最终导致企业发展裹足不前甚至破产、倒闭。企业基础管理最终成为了企业进一步发展的绊脚石。

泰豪科技也不能例外。2003 年企业大会上，泰豪科技提出今后的战略发展目标——销售收入保持 50% 的增长速度。当泰豪科技希望通过兼并与吸收等方式谋求更大发展空间的时候，他们发现不能像海尔集团那样，派出去几个管理者将海尔集团的先进理念和管理模式运用到被兼并企业中，盘活亏损企业。泰豪科技不仅派不出专业技术等管理人才，甚至缺少一种输入的管理模式。

一直以来，泰豪科技的高层领导非常重视企业文化、外部市场机会、技术成果的转化等工作。在企业高层中形成了"个人的成功在于承担责任的实现，人生的价值在于不断地承担责任"；信奉"承担、责任、实现"为核心的价值观与企业文化。泰豪科技每年至少拿出年销售收入的5%来从事新产品、新技术的研发与高科技成果的转化工作。企业也重视一些指标的取得和认证体系的通过。当企业不断发展，特别是兼并了三波电机之后，基础管理薄弱的问题逐渐暴露出来，这些问题不解决，将会制约泰豪科技的高速成长。以下以电机事业部的三波电机车间为例，谈泰豪现场管理中存在的问题。①

（1）现场布局不合理，几乎没有目视管理。三波电机车间主要工作区域分为电机整体转子绕线区、嵌线区、接线区、喷漆区、浸漆区、装配区、实验区七个。接线区与嵌线区是电机车间最基本的两个工作区域，但面积狭窄，拥挤不堪。在嵌线区摆放了七八张工作台，员工们站在狭小的工作台间隙不停地作业，每张工作台的作业工人有2~4人。在这两个区域对面放置了很多货架，车间人员说不清楚那是什么，主要的工作区域狭窄，货架占用面积过大，主次不分。

进入车间，没有可视的产品工艺流程图以及作业指导书，各道工序的作业关键点、操作规范、应该注意的问题等。比如整体转子绕线区流程规定为装转子夹具——上绕线机绕制——绑扎——装撑块——干燥。但没有标识。作业工人只知道做自己的工序，如果记不清作业标准，又不方便查找的话，员工只能凭经验与技能来操作了，订单多的话，容易出现质量问题，也不利于提高工作效率。

（2）现场作业处于无序状态。员工作业时习惯于将工具随手放下，等到下次用工具时，又要到处找。作业废料也是随手扔，桌上、地上到处都是。比如嵌线区，员工有一道作业是把绕好的电磁线嵌入定子里去。我们看到，他们使用了螺丝刀、钳子后就随手放在一边，而不放到旁边摆放的工具盒中，等换个工件作业时，又要左顾右盼地找钳子，影响了作业效率。嵌线完成后，一些废弃的绝缘纸、线头也是扔在工作台上，风一吹，掉在地上了，也没人去捡，整个车间处于一种很凌乱的状态。

污染也是生产无序的一个重要体现。在整体转子绕线区，这里工序要用绝缘漆和松香等原材料，在转子绕线的过程中要一边绕制一边涂漆，这样绝缘漆就会飞溅到绕线机周

---

① 我们项目组专家祖林、欧阳桃花等与助理郭南芸分别于2003年12月，2004年2月、3月、4月、5月、6月、7月多次去泰豪科技帮助他们改善现场管理，所描述的现场管理是2003年12月与2004年2月看到的状况，之后他们的现场管理处于不断的改善与提高之中。

围。在绑扎时还要涂漆，这些漆液又会渗透并且污染绑扎的现场。另外，员工在操作过程中，鞋底难免粘上漆，使作业现场产生污染，如果员工在车间内走动，就会把污染扩大到整个车间。一直以来，三波电机车间对此想过许多办法，但最终无可奈何。

（3）物料混放，材料浪费严重。为图省事，将各类物料不作区分地堆放在一起。在电工车间，各类漆包线、小电缆线混合着放在料架上，没有任何标识。而一些小元器件尽管做了标识，也放在料盒里，还有很多是标识与实物不符，如在标识为 M6×16 规格的钢六角螺栓料盒中却还放有其他型号的螺栓。另外还有一些账实不符的现象，有的员工领了料后，标识卡上的材料栏却没有标明已领的数量。

（4）员工的心态。泰豪科技中高层领导的工作热情很高，也能较好地体现"承担、责任、实现"等企业文化精髓，追求完美与不断超越的精神。但基层管理干部（车间与班组）习惯沿用三波电机的管理模式，对产业工人员工采用比较严厉的管理方式，见到领导又显得十分的紧张。

车间员工习惯于按照原来的作业方式工作，当科学的作业方式与原有的作业方式发生冲突时，他们往往不愿意接受。有的员工虽然会接受但不能形成良好的习惯。工作不忙时，按规定需要几个螺丝就取几个，但工作忙了时顾不了这么多，习惯性地猛抓一把，用完后随便一放，造成浪费。

车间员工对现场凌乱以及出现问题习以为常或漠然视之。当专家们指出工作台上工具、零件、废料不应乱放，而应随时用毕、随时清理，并且亲自示范时，他们如同看表演一样，互相张望。当专家指出他们的作业动作不规范时，员工的第一反应不是请教如何让作业规范，而是很害怕似的推脱责任，说原因不在自己。

基础干部也是一样，比如为了防止电机被碰坏，在每台裸露在外的缆线外都套了一个布套子，其中有一台电机上没有布套，当专家问："这台电机怎么没有布套?"陪同人员看了一眼说："哦，掉了。"说完就带着专家们去看别的地方了。

总体上感受到泰豪科技所倡导的"承担、责任、实现"的企业文化能折射到中高层干部，但折射不到基础员工身上；现场管理水平低效、浪费严重；基础干部和员工的麻木与畏上；公司规章制度、作业流程与标准、奖罚规定等很明确，但执行不到位。

现场管理的改善过程

从以上现象中发现泰豪科技的基础管理有待完善的地方很多。当外部市场机会很大，企业能拿到很多订单时，由于内部管理不健全，将会造成订单履约率很低或产品质量不稳定。即使勉强能做到按单生产，履行合同，由于浪费严重，效益低下也会导致企业最终失去竞争能力。黄代放总裁很清楚这点，他只要一有时间，就到车间班组、到终端发现问题、解决问题。在泰豪科技流传着这样一个真实的故事：有一次黄代放到车间，看到一个员工将工具、材料凌乱地堆放在地上作业时，他停了下来，皱了皱眉头，欲言又止。等走到十米开外了，快出车间大门时，还是忍不住回来，指出问题，要员工马上改正。说一次就改一次，不说，下次又不记得了。这种靠领导提醒的方法，不能从根本上改变管理状态，公司的发展又不等人，怎么办？公司高层想了很多办法，狠抓标准管理，也先后通过了三大指标体系认证，但企业基础管理仍然比较薄弱，全员参与管理的意识依然非常淡薄。泰豪科技高层决定借用外脑，聘请专家组从生产终端入手，推进 5S 运动，改善现场管理，提高基础员工的自我管理水平。

以 5S 管理为突破口，改善基础管理

5S 管理于 20 世纪 80 年代起源于日本企业的现场管理。在丰田等公司的倡导推行下，对日本保持"世界工厂"的地位做出了不可磨灭的贡献。5S 管理由"整理、整顿、清扫、清洁、素养"5 个词组成，由于其日文单词发音的首字母均为"S"，故名"5S 管理"。整理，是指通过对设备、耗材、原材料等根据使用频率进行分类，区分为"必需品"和"非必需品"，现场不放置非必需品；整顿，是指通过对必需品进行标准化设计、布置、摆放，使之取用方便、井然有序，促进工作效率的提高；清扫是将岗位保持在无垃圾、无灰

尘、干净整洁的状态；清洁是将整理、整顿、清扫进行到底，并且标准化、制度化；素养的含义是大家要养成并保持遵章守纪的良好习惯。其实质是通过整理、整顿、清扫创造一个安全卫生、秩序井然、方便高效的工作环境，进而通过"清洁"将达到的水平维持下去，形成一套行之有效的制度，最终提高个人素养。当员工素养提高后，养成了一种良好的工作习惯，现场管理水平自然就能得到相应的提升。5S 管理是企业管理的基础，是实现全面质量管理、精确管理的前提。"5S 管理"的原则是简洁易懂的，能否取得成效的关键在于如何落实。

成立分级负责的 5S 推进委员会

推行 5S 管理以事业部为单位划分区域，并细化到各个车间与班组。5S 推进委员会分三级，一级是总公司级的 5S 推进委员会，由公司执行总裁亲自挂帅，中间层是各事业部分会，由各事业部部长挂帅；最底层是各事业部生产车间的责任区（见图 4.19）。

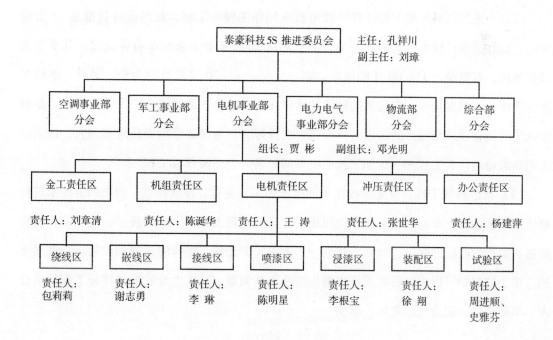

图 4.19　5S 推进委员会结构

资料来源：企业内部资料。

树立样板工程

一开始在公司全面推广 5S 管理有两个困难：一方面，专家人手不够，全面指导乏力。通过选择样板工程先做，容易集中人力、物力，发现问题，解决问题，积累经验，再全面推广。另一方面，过样板工程与非样板区域的比较，可以让员工对比看到推行 5S 管理的好处，激发他们主动开展 5S 管理。所以从 2004 年 2 月～7 月专家组重点帮助 5 个样板工程推进 5S 管理。[①]

（1）如何选择样板工程。专家建议选择环境最脏、最乱、作业任务繁重、现场管理难度较大的区域做样板工程。因为在这些区域，我们可以更好地将 5S 管理、现场管理的改善与生产运动结合，按生产需要的工艺流程特点、物料消耗大小、作业方式、产品的特点等来设计 5S 管理方案。如果最难推行 5S 管理的区域都能开展好的话，那其他工作区域都没有理由不推行。

按这一思路以电机事业部选择三波电机车间作为样本工程，在泰豪科技推进 5S 管理期间，恰好是他们任务最繁忙的时期，员工们从 2004 年春节起就没有休息过，几乎每天都要加班，有时晚上 11：00 才能回家，第二天早上 8：30 又要按时上班。另外，电机车间的现场管理难度最大，它包括的整体转子绕线区、绝缘处理区都会产生较大污染，是被公认为现场管理最难做好的区域。样板工程选择好后，为保证管理责任落实到人，以责任人的姓名命名样板工程——比如三波电机车间命名为"王涛样板工程"。

（2）推进样板工程。首先是根据车间生产的工艺流程、作业特点、物流的方便来进行整体规划。在各个车间内尽可能地按照横平竖直、美观大方，干净清爽、一尘不染，看得舒服、做得舒心的原则进行规划。规划并不要求完美无缺，整体的规划到位后，一些局部的、细小的规划可以在以后的工作中根据需要不断调整。具体由专家组与样板工程的责任人、车间领导一起商议、规划、落实。

---

① 5 个样板工程分别来自于泰豪的 4 个事业部与物流部门，他们各自推选一个工作区域为推进 5S 管理的样板工程。事业部部长配合与协助专家，指导这些样板工程全面实施 5S 管理，带动全员参与。

其次是样板工程的 5S 具体实施。样板工程的 5S 实施涉及非常具体、细微的工作，包括经营方针、目标制定，生产区域、材料、机械设备的定置定位，作业标准书、工艺流程的展示，各种标签制作，水电管线的铺设与安全管理等，可以说车间的任何角落都可以实施 5S 管理。而且 5S 管理的实施不可能一次到位，而是在日常工作中不断发现细小的问题，不断改进。

最后是样板工程的推广。通过样板工程实施 5S 管理的经验，由点及面迅速推动全体员工实施 5S 管理。

运用看板管理、目视管理

看板是生产信息沟通的平台。三波电机车间几乎没有生产看板，其他车间也只有一两块白板，主要用来张贴公司通知等信息。生产经理要想知道本周或本日的产量、优良率、物料消耗率等，要从电脑中调出相关数据，或者翻阅统计报表。

设置一些生产看板，可以让全员非常清楚、动态地了解生产情况，便于全员参与管理。另外在每个事业部建立了学习角和吸烟区，为员工提供学习与交流场所。

根据专家的建议，看板管理分为两类：一类是专业看板反应生产状况主要包括生产、质量、成本等指标；另一类是一些反映员工信息的看板，如表扬、批评专栏，5S 推进的状况、激励员工竞争意识。比如物流部门的看板，在员工月度考核栏中，对每位仓管员的考核情况都有详细记录，其中叫范小岭（化名）的仓管员所负责区域的周检结果是这样被评价的："第一周，得分 97 分，待检区纸箱没有及时清理，货架上有灰尘；第二周，得分 88 分，货架上有物料放在料盒外，扣 2 分，有多处货架和料盒上有灰尘，扣 10 分；第三周，得分 68 分，有一处物料放在料盒外，扣 2 分，货架、料盒连续两周没有打扫卫生，扣 30 分。"得分越来越低，而且还公开张贴出来，给员工的触动很大。

检查、考核、评比、公开

提高现场管理，推进 5S 管理的过程是伴随着检查、评比工作同时进行。泰豪科技质量部根据专家组的指导布置每个阶段的 5S 管理工作推进计划。各事业部则在专家检查的基础上进行改善和自我检查。

专家们每月来泰豪科技推进 5S 管理时（2004 年 2~7 月，每个月工作日 2~4 天），对各事业部的样板工程实施 5S 管理的状况、人员自主能力、创新点（思维突破）等方面进行综合评分、打分、排序、围绕评价结果，专家组要点评，比如某某事业部为什么得分最低，问题在哪里，期待今后如何改进等。

在 5S 推进的最初阶段（2 月），电机事业部因为重视不够、现场管理改善不够，专家给了个最低分 26 分（最高分为 50 分）。配合专家的评比，泰豪科技在当月对各事业部考核中，也对 5S 推进评分最低的事业部部长扣了分。这对电机事业部的员工从上到下产生了很大的震动，不甘落后的心理促使他们要迎头赶上。在随后的阶段中（3~6 月），部门领导和干部员工围绕着 5S 管理，制定了非常翔实的样板工程规划方案。电机事业部的员工对此颇有体会，他们感到："与 5S 管理刚启动时相比，我们的能力有了很大提高，虽然有困难，但也不怕困难，虽然反应比别人慢半拍，但心里已经有底，同时成绩给我们带来了信心；不管有多难，只要全员肯动手、肯动脑，一定会有改善，关键是要有决心。"

干部培训与"走出去"

（1）开展培训。用先进管理理念与管理方法培训员工。在 5S 管理的推进期间，专家们对泰豪科技员工进行了多次培训，培训内容分为两个互补体系：一个以中高层干部为中心，以提高认识、更新观念、开阔视野为目的。课程设置包括《基础管理与企业竞争力》、《中外制造系统的比较分析》、《泰豪科技的多元化与组织管理》、《泰豪科技的文化建设》等。另一个以中基层干部为中心，着重中基础管理干部的技能培训，开设了《现场 5S》、《基础工作方法》、《卓越现场管理》、《5S 样板工程制作》、《精益生产与系统执行力提升》等，同时还通过班组内部的培训，将 5S 管理的精髓深入到每个员工。

（2）"走出去"参观优秀企业，让员工亲身体会科学管理方法。在 2003 年 4 月 2~3 日参观了广州松下和华凌空调设备有限公司。"以前总觉得泰豪科技管理在江西算是数一数二的，不到外面走走，还真不知道与别人的差距有这么大！"这是员工们参观两个企业后的感想。这次参观使员工的触动很大，同时也对5S的推进、班组建设、部门管理等方面获得一定借鉴。一些管理干部回去后，发动大伙出主意、想办法，针对本部门工作与目标有效地推进5S管理。他们主动把5S管理的推进与成本、生产效率相结合来思考。

现场管理的改善情况

总体来说，专家小组制定的一些改善方案都得到了认真的推行，一种自律的风气在逐渐形成。

现场管理的变化

（1）现场布局的改善。比如电机车间最"脏"、"乱"、"差"的绕线区域与嵌线区域。调整生产布局，将货架管理权下放到各班组，并将货架分散放到作业区域的旁边，方便半成品的配送，半成品（绕好的电磁线）原来摆放在绕线区和嵌线区之间，移到原来货架的摆放处。这样，绕线区域与嵌线区的生产空间扩大了，作业区域宽松了，每个工作台的下面配置了一个废料盒，用于盛放废弃的绝缘纸、线头，作业台干净了许多。

整体转子绕线区的改善，在不能用生产技术和生产方式彻底解决污染的情况下，在作业入口处设置鞋柜，要求员工进出作业区时换鞋。此外，用托盘放置电机，这样在绑扎时，清漆就只掉落在托盘里，而不会落在外面。同时还在整个区域地面铺上油毛毡，并定期更换，这些防护措施保证了这里的污染不外溢，作业环境干净整洁了。

（2）作业工具乱放的改善。为改善作业工具随手乱放的现象，事业部为每个员工都配备了工具盒，要求工具使用完毕后要放在工具盒里，工作完成后，工具盒要放入工具箱，保证工具不会乱放、遗失。有的员工还进一步对自己的工具箱进行了改装，在工具箱两扇门的内侧焊上了几排挂钩和支架，将螺丝刀、扳手、钳子等直接挂在上面，既增加了工具箱的利用空间，又方便实用，也美观。

（3）物料混放、材料浪费的改善。各事业部车间对各自的物料都进行了清理、整顿，并增添了货架和料盒，将各物料分门别类地重新摆放，并标明规格型号与数量。为了防止物料与废料混放，各车间还专门设置了废料箱，用标识牌做出明显区分。

为了防止材料浪费，各车间在物料领取上严格限制领料数量，要求员工根据作业标准规范领料，用后将多余的物料及时退回。改善后，各车间工作台上、地面上丢弃的物料明显减少了。比如空调车间小分液头的存放容器，以前与其他零件混放在一起。有时小异物掉进小分液头中，影响空调的质量。后来员工们做了一个容器专门存放小分液头，这样就杜绝了异物混入其中的现象，降低了空调系统中的杂质含量。

关注细节、把握细节，将细节做到位，是改善现场管理的主要思想。

间接的技术创新

推行5S管理，本身不会带来技术创新，但鼓励全体员工参与有利于调动员工的积极性，发挥员工的聪明才智，间接地带来许多意外的技术创新。与车间布局、物料与产品的摆放的改善相比，一些技术上的创新带来了直接的经济效益，同时也激发了员工钻研技术的热情与观念的转变。这些技术创新主要由一线员工在工作实践中不断地发明与发现并总结而来。

（1）发电机定子引出线的技术创新。泰豪科技新开发的W_4系列整体凸转子谐波励磁发电机，原来设计时发电机定子的引出线是用传统的橡胶电缆锡焊方式，即用JGB橡胶电缆线与漆包线对焊作为引接线。这种传统的方式存在几个问题，一是电机引接线与电缆焊接时，有可能因锡焊渗透不好造成虑焊，使电机三相电压不平衡，发电机电流增大，导致电机损毁。二是锡焊时因松香助焊产生大量烟尘，锡焊中含有大量的铅，污染生产现场环境，影响员工身心健康。

现在市场上外国原装进口的发电机的引出线采用的均是直接引出漆包线的设计。同时，电缆线的市场价格比漆包线要高，从 W_4 – 200 发电机使用的电缆线来看，单台发电机需花费 288.56 元，而用漆包线则只需 86.25 元。电机车间主任、工程师及员工研究了国外电机产品的设计之后，决定将引接线进行改革，采用电磁线直接引出的方式，并在电磁线上套上一个 SRB – 168 阻燃硅橡胶管型玻璃纤维套管。工艺改进后，省去了焊接的工序，减少了松香及焊锡中的铅对人体的伤害，改善了生产环境。同时，制作成本降低，生产效率及产品品质提高。根据资料统计，通过用直接引出漆包线代替 JGB 橡胶电缆线，W_4 系列发电机引出线材料成本平均降低了 45%，2004 年 1~4 月累计节约成本 30583.18 元。[①]

（2）分液头钎焊的技术创新。分液头钎焊是泰豪科技智能中央空调生产中的一项重要工序。这项工序是把许多细的铜管焊接到一个莲蓬状的分液头上。原来在操作时，需要 3 人合作，2 个人扶着铜管，1 个人烧焊，费时费力，如果扶铜管的人手抖，容量造成焊接不好，质量还不能保证。

后来在组织 5S 推进小组去广东企业考察时（2003 年 4 月，专家带队"走出去"培训项目），他们发现对方企业也有相似的工序，并且发现对方制作了一种工装来辅助工作。空调车间的员工们受到启发，回到企业后，立即组织员工讨论、研究。根据本工艺的特点用废旧的铁板设计了一个工装，工装最下面是一个漏斗状的凹槽，用于固定分液头，上面也是一个漏斗状的支架，用来支撑铜管。焊接时，只要将铜管插在分液头中，并固定在支架上，工人就可以很方便地操作了。以前要 3 个人做的事，现在只要 1 个人就能完成了，提高了劳动效率，降低了成本，还提高了质量。他们在改善提案的分享心得中这样写道："通过小组讨论方案，反复实验，增加了班组团结。有了焊接工装，大大减低劳动强度，节约了人力成本，保证了产品质量。"

---

① 来源于电机事业部 QC 活动技改总结。

持续改善现场管理

用科学发展观推进 5S 管理，提高泰豪科技的基础管理水平。最初来自于泰豪高层领导的设想与支持，专家组半年以上的跟踪指导与推进以及泰豪科技中基层干部与员工的积极配合与实施。专家组的指导工作结束后，5S 管理要逐步转化为各车间、各班组、各员工的日常工作。

如何维护与深化

（1）为了保证 5S 管理的开展不流于形式，从 2004 年起，泰豪科技将 5S 管理列入其各事业部的年度目标考核体系中。

（2）定期考核与不定期考核相结合。泰豪科技制定了两个层面的 5S 考核机制，一个是公司考核，一个是各事业部考核。公司考核由公司质量部门代为进行，主要有月度考核和年度考核，周检则以事业部为主进行。

考核内容包括现场管理、安全和环境管理、现场工艺管理 3 个大项 27 个子项，满分为 100 分。公司在每个月度检查中，如果发现一项一般不符合要扣除 1 分，一项重要不符合扣除 3 分，一项严重不符合则扣除 8 分。如果在公司检查中，事业部提不出周检记录的话，则扣 5 分。如果高层领导不定期检查时，发现事业部的问题并反馈到公司质量部，则扣 10 分。为保证客观、公平的原则，年度考核时由公司质量部领头、各事业部各派管理者，对全公司各事业部进行综合检查，加权平均得出考核结果。年度考核结果则由月度检查（70%）、年度现场检查（20%）、创新成果发表（10%）加权计算而获得。

（3）完善奖励制度。基于考核的结果，排序、公开，对优胜者给予奖励。奖金与奖励办法在积极探索中。

定期考核与奖励是推进与深化 5S 管理的一项很重要的措施，为保证有效推进，考核指标要结合企业战略、目标以及现场管理侧重点而不断调整、变化。在企业管理中有一条看不见的游戏潜规则："企业考核什么，奖励什么，员工就关注什么"。一劳永逸的考核指标与奖励办法容易导致 5S 管理流于形式。

推进 5S 管理的未来课题

从整体上来看，伴随着 5S 管理的推进与推广，公司从上到下对基础管理的重要性有了更深刻的认识与感悟，基础管理水平处于不断提高的过程，但是也出现了一些新的课题。

（1）观念持续更新与突破。虽然泰豪科技的员工们在推行 5S 管理过程中，观念有了很大的转变，观念的转变并不是一朝一夕的事，它将伴随着基础管理改善的全过程。

（2）"落后"讽刺"先进"。样板工程的员工在专家组的指导下，采用科学管理方法，推行 5S 管理之后，操作水平与能力不断提高。但是一些非样板工程的员工不时地讽刺与挖苦样板工程的员工。今后把 5S 管理从样板工程推广到全体员工的过程中，可能会遇到一些阻力，如何成功化解这些阻力，是今后需要解决的问题之一。

（3）工作强度与执行力度成反比。作业繁忙的时候，有的操作标准与制度流于形式。比如，按照 5S 管理标准，作业工人领料生产时，应该按照作业要求，用多少，取多少。但工作繁忙的时候，他们更愿意一次抓一把原材料，从而省下取料时间用来多加工产品（泰豪实行计件工资）。同时，工作繁忙的时候，所产生的垃圾也不能按照标准放到垃圾存放区域，使作业现场显得凌乱。

5S 管理要求员工结合工艺特点，系统优化工作流程，实现科学管理，而不是简单地处罚员工，强制要求员工执行已经制定的标准与规则。比如在工作繁忙的时候，员工为什么不愿意按作业要求领料生产，员工领一次料要花多长时间，如何帮助员工节约时间等。只有管理人员抓住现场问题、闭环处理、优化流程、制定新的工艺标准，才能从根本上杜绝不合理现象的发生，保证 5S 管理合理实施。

（4）制定科学公平的考核机制。随着泰豪科技的发展，如何制定科学公平的考核机制，不断细化考核指标，是泰豪科技的长期任务之一。

从案例中研究发现

从泰豪科技的案例研究中我们获得以下三个启示。

基础管理是民营企业生死存亡的分水岭

泰豪科技是中国民营企业的优秀代表，如大多数优秀的民营企业一样，泰豪科技在创业初期，充分抓住资本与技术、市场机会，在短期内不断地扩大企业规模，实现跨越式成长。从1996年创立到2004年，其销售收入与利润率保持两位数以上的增长。但深入到企业终端，与基层员工沟通时，我们发现：现场沿用小作坊的管理模式来从事规模化的生产；员工更多凭借工作经验与个人技能从事现场作业；员工热情不高，比较麻木，牢骚满腹。西方成熟的科学管理原理与日本现场管理的精髓没有得到很好的运用。而与泰豪科技创始人黄代放总裁以及孔祥川执行总裁等高层领导沟通时，发现他们受过良好教育[①]，具有现代管理思想与先进理念，善于抓住一切机会发展企业。外部市场机会与需求，高瞻远瞩的企业家能力与落后的管理方式、员工观念之间构成明显的对比，存在巨大的沟槽。当然中国员工素质不高有其社会与历史原因，因为中国是从封建社会直接过渡到社会主义社会，没有经过工业化革命洗礼而直接步入工业化的规模化生产。泰豪科技如何通过提高基础管理水平、提高员工素质来顺应外部市场需求，从事规模化又个性化的产品生产，是泰豪科技二次创业无法绕开的课题。也是中国民营企业发展到一定阶段而必须解决的课题。而这些竞争能力的形成只能从提高基础管理而来，基础管理是民营企业生死存亡的分

---

① 黄代放1986年毕业于清华大学，2002～2004年就读于清华大学经济管理学院。

水岭。

以5S管理为突破口，提高基础管理水平

泰豪科技的高层领导充分认识到基础管理的重要性，不是用那些时髦的名词来指导企业的基础管理，或满足于企业通过的一个又一个质量认证，而是将注意力放在车间，放在生产终端。以推行5S管理为突破口，整顿现场作业工序，优化工艺流程，运用看板管理与目视管理，完善激励机制等一系列的科学管理方法深化企业基础管理。一方面，结合生产提高现场管理水平，可以提高生产率，降低成本；另一方面，与改善现场管理相结合，把"承担、价值、实现"等泰豪企业文化根植到员工心中。比如建立宽畅的学习区与吸烟区，体现企业对员工的关爱；重视员工的意见，鼓励员工的发明创造、实现个人的价值，引导员工从"要我干"到"我要干"。

此外，为有效推行5S管理，落实责任到人，5S推进委员会，实行领导负责制，用责任人命名样板工程。泰豪科技的管理改革不是一帆风顺的。开始员工不理解，怀疑5S管理的作用，认为它不是技术，就是每天扫地，把工具摆放整齐，原料废料分开放等让现场整齐一点。在繁忙的生产季节花更多的时间从事这项"好看"的管理活动，不合算。其实很多民营企业的高层领导也能认识到基础管理的重要性以及本企业所存在的问题，也曾经进行过管理改革。但是在员工产生了抵触情绪之后，没有仔细分析原因，继续坚持，而是慢慢流于形式，重新回到了老路。这是很多企业基础管理搞不上去的根本原因之一。泰豪科技在进行改革的时候，高层领导从上施压，坚决推进。对于那些不执行，不照办的，无论是对基层工人还是管理人员都先做思想工作，做不通一律撤换，绝不留情。领导层坚决果断与有力的支持，使得改革成功度过了最艰难的启动期，等员工看到了改革效果之后，继续推行将变得顺利些。

科学管理方法在中国民营企业的运用

从根本上讲，泰豪科技的基础管理改革体现了科学管理的基本思想。泰勒（Taylor）

早在 20 世纪初就指出，差异计件工作（时间管理）与作业管理（科学确定劳动定额）是科学管理的核心内容。泰勒认为确定的差异计件工资是建立在确定科学的劳动定额的基础上，所以制定科学的工作方法与工作标准是顺利开展基础管理活动的制度保证。

在泰勒时代，科学的确定工作标准是通过秒表获得的。当时他强调将工人当作没有区别的、只会干活的类似于机械的个体，这在今天是行不通的。但科学地确定劳动定额在基础管理中是十分必要的。泰豪确定工艺流程、作业标准、劳动定额时，通过打擂台赛的方式，比如让 10 个工人同时组装电机，再分解他们的动作与时间，科学地确定工艺流程与劳动定额。

泰勒还指出，伴随着改革的一定要有相应的激励制度，才能够保证改革的顺利进行。泰勒在进行了工时与动作研究之后，没有强硬地推行这一政策，而是采取了新式的计件工资与之相配合，保证新的作业方式继续开展。泰豪科技推行 5S 基础管理的时候，他们同样注意了制定相应的激励措施，对那些提出了合理化改进建议的员工和在培养新员工上做出突出成绩的员工进行奖励，而且注意了激励的时效性，对做出成绩的员工及时奖励。也有一些民营企业注意制定管理条例，但是不配合激励措施与评价体系，将导致管理制度规定慢慢浮于形式，基础管理的改善不了了之。

随着时代的发展，科学管理的一些方法与手段不具有可操作性，但是科学管理的原理对于指导我国民营企业、提高基础管理水平仍然具有很强的现实意义。

伴随着世界经济的全球化与信息化，中国制造业在世界产业链上的分工以及影响力将为民营企业的发展提供良好机会。中国经济的高速成长所带来的市场机会又为民营企业的发展提供了无限的可能。而中国民营企业基础管理的薄弱又进一步制约着民营企业的发展。从这个意义上讲，我国民营企业在高速成长时急需补课——运用科学管理原理，不断地提高基础管理的水平，抓住历史赋予的发展机会，在二次创业中追求和谐发展。

对美国观点的中国质疑
——谈价值工程与降成本方法

祖　林　零牌顾问机构首席顾问

"这可怎么办呢？"美国通用电气公司（简称"GE"）工程师迈尔斯眉头紧锁，一脸的苦恼。时值1940年，"二战"期间。

GE公司由美国大发明家爱迪生于1878年创立，从飞机发动机、发电设备到金融服务，从医疗造影、电视节目到塑料，GE已发展成为世界上最大的多元化服务性公司，承担了重要的美国军需品供应任务。

由于战争的大量消耗，美国原材料市场供应十分紧张，GE急需石棉板，但这种产品货源极不稳定，价格非常昂贵。这不，又缺货了！

"为什么要用石棉板？"迈尔斯喜欢追根究底，经过了解，原来公司购买石棉板是为了在给产品喷刷涂料的时候，把它铺在地板上。

"石棉板的作用到底是什么？"善于思考的迈尔斯经过调查得知，使用石棉板的目的有两个：一是保持清洁、避免玷污地板，二是防止火灾。

"用其他材料能不能达到相同的效果？"这个想法令迈尔斯心头一震，对呀！如果能找到一种货源充足、价格便宜又能隔热防火的材料替代石棉板，这个问题不就迎刃而解啦！

在同事们的帮助下，经过一段时间的努力，迈尔斯终于找到了一种能替代石棉板起防火作用且价格低、容易买到的防火纸，经过多次试验和技术确认，终于说服相关部门采纳这一替代方案，不但解决了材料供应的问题，而且使公司生产成本大幅度降低，取得了良好的经济效果。

这件事情使迈尔斯受到很大的启发。其实，我们购买的并不是石棉板，而是石棉板具备的防火"功能"，如果围绕这种"功能"动脑筋，实现这一功能的途径一定不止一种！迈尔斯从分析产品的功能、寻找代用材料开始，逐步从原材料采购发展到改进产品设计及制造过程。

1947 年，迈尔斯在《美国机械师》杂志上公开发表了《价值分析》一文。在该篇论文里，迈尔斯提出了价值工程的基本理论，标志着价值工程理论的正式诞生。

价值分析后来发展成为突破性降低成本的技术经济分析方法——价值工程（VE），是基于顾客需求和技术发展、通过与竞争对手的比较分解和科学决策、跨部门全过程参与、突破性地提高企业价值能力的技术经济分析方法。

美国发现与中国质疑

美国管理界经过长期的、大量的统计研究发现：制造型企业每年必须降低 15% 的成本，否则就缺乏竞争力。

对此，国内不少企业干部表示质疑：材料供应日趋紧张、价格不断上扬、人工成本不断提高，每年降低 15% 的成本谈何容易！

价值工程：通过创造达到变更

事实上，这并不是"能不能"的问题，而是"做不做"的问题。美国和日本的企业管理实践证明：充分运用价值工程技术，从源头上控制成本，才能不断提升企业竞争力；

否则企业将有被淘汰之虞！

价值工程是以最低生命周期成本切实实现所需功能而倾注于产品和服务功能研究的有组织的努力，其基本原理是：

$$价值\ V = \frac{功能\ F}{成本\ C}$$

所以，价值工程是以正常发挥的功能为基础，实现更优秀的、有价值的产品或服务的解决方法，集中企业内外专业部门的知识、技术和智慧，切实实施计划，有组织、有步骤地开展提高功能、降低成本，最终提高价值的活动，其主要的实现途径有以下四种（见表4.2）。

表4.2　价值工程的实现途径

NO.	原理	方法	说明
1	$V\uparrow = \dfrac{F\rightarrow}{C\downarrow}$	通过降低成本来提高价值	称之为 CR 型（Cost Reduce 改善，在功能不变的条件下降低成本，为一般性 VE
2	$V\uparrow = \dfrac{F\uparrow}{C\rightarrow}$	通过增加功能来提高价值	称之为 VC 型（Value Creation）或功能提高型改善，在相同的成本条件下增加产品的功能
3	$V\uparrow = \dfrac{F\uparrow}{C\downarrow}$	通过同时增加功能、降低成本来提高价值	这也是 VC 型的一种，也称为改革型改善，是最理想、最困难也是最重要的一种
4	$V\uparrow = \dfrac{F\uparrow\uparrow}{C\uparrow}$	通过略微提高成本、大幅度增加功能来提高价值	为市场开拓型 VE，常用于略微增加成本即能确保产品优越性的新产品开发

不论通过哪一种途径，价值工程都能有效地帮助企业降低成本；有效运用价值工程技术、结合产品技术和工艺技术，全面推进降低成本，使产品生命周期成本最低，已成为企业提高成本能力必不可少的途径。

作为一门新兴的现代管理技术，价值工程遵循使用者优先、以功能为中心、提高价值、通过创造达到变更和组织系统化活动五大原则，创立半个多世纪以来，价值工程不论是在理论研究上还是在实际应用上都取得了长足的进步，在美国、日本及世界各国得到广泛运用，取得了巨大的经济效益，与工业工程、统计技术并称为制造产业三大管理技术。

20世纪90年代，麦道飞机公司将价值工程应用到公司的经营管理之中，其结果是：尽管麦道公司向客户提高了更高性能的新型战斗机，但其在内部结构设计上却减少了30%的零件。

对中国质疑之解惑

材料确实供应紧张，能不能减少用量？

价格确实是在不断提高，能不能改用其他材料——在达到相同功能的前提下，采用用量相同但更便宜的材料？或者采用性能更高、价格更贵但用量更少的材料？目的只有一个：使产品单位成本不断降低。

人工成本也在不断提高，能不能活用工业工程（简称IE）技术不断提高生产效率？

遵循以目的为中心进行思考、关注产品生命周期成本、收集和活用专业知识，根据专家建议进行改善、创造替代方案和克服变革过程中的大障碍，价值工程技术必将为我们突破性降低成本提供至关重要的支持！

这些思考其实就是人类不断进步的动力！那些凡事认为"不可能"的无所作为论者，从迈尔斯的事例中是否可以受到启发呢？

在产品价格不断下降、资源日益紧缺、生产要素价格不断上涨的市场环境下，恰恰要走在竞争对手前面，充分利用价值工程技术不断追求技术革新和管理进步，从源头降低成本。

美国发现对中国制造的启示

从混沌走向成熟的中国市场，价格战此起彼伏，从产品上市到退出市场，其周期之短、降价之快已今非昔比，成本能力成为企业的基础竞争能力——随着市场价格的持续降低，越来越多的国内企业体验到低成本能力对提高企业竞争力的重要性。

降低成本是企业永恒的主题。事实上，成本能力仅仅是企业应对价格战争的锐器，价值能力才是企业预见性满足顾客、创造高额利润的"深井"。

与此形成鲜明对比的是：不论是否受到市场的降价压力，世界级企业无不把主动性和前瞻性的成本降低工作作为企业日常运作的重中之重——他们很清楚，降价之前的降成本成果带来的是直接利润，降价之后的降成本成果则直接转化为企业的市场竞争力！

开源是关键，节流是前提和支撑！价值工程是帮助企业从源头降低成本的不二途径，也是人类不断追求技术革新和管理进步的重要手段，在产品价格不断下降、资源日益紧缺、生产要素价格不断上涨的市场环境下，每年降低 15% 的成本不但是可能的，而且是非常必要的，松下电器长期推进的 V301（开展价值工程活动、一年降低成本 30%）、V502（开展价值工程活动、两年降低成本 50%）等活动就是活生生的例证。

与其质疑美国管理界数十年统计研究的成果，不如在其启发下充分运用价值工程技术以主动的、预见性的系统推进降成本活动——这是美国发现对中国制造的重要启示。

全面涨势环境中的工厂出路

祖　林　零牌顾问机构首席顾问

　　《调查与研究》是广东省企业联合会为广东省省委、省政府及各省级职能部门和会员单位主办的内部发行刊物，由省企业联合会研究部出版，每月一期。

　　2008 年是动荡的一年。2008 年 1 月 1 日实施的《劳动合同法》，给了部分企业决定迁离的最后一掌，珠江三角洲大量制造型企业要么倒闭、要么外迁、要么彷徨挣扎；《劳动合同法》的实施触发多米诺效应，上半年原材料、工资等成本持续上涨，美国次贷危机对中国的影响逐步显现，大量出口型企业出现订单急剧下降、出口锐减、资金流缓慢甚至停滞等危急情形，不少企业被迫停产甚至倒闭，珠三角这一"世界工厂"亦承受着转移之痛。

　　2008 年 6 月，在毫无预警的情况下，世界金融市场中"海啸级别"的金融风暴在美国悄然登陆并于 10 月爆发，与此同时，原油价格一路下跌，由于需求减少、供过于求使得钢材等一系列工业产品价格又开始下降，"金融海啸"对实体经济的影响逐步显现，订单的急剧减少、消费信心和市场信心的丧失，使中国企业特别是外向型企业遭遇改革开放 30 多年来的第一次"寒冬"，大量"体质差"、"御寒能力"弱的企业死去，不少企业还在"初冬时节"挣扎，与此同时，却有另外一些企业面临着新的机遇：订单增加、交货期缩短、个性化要求提高。

　　前三季度，中国 GDP 增长率在全球通胀危机、金融危机的双重夹击下首次跌破 10%，仅达到 9.9%，这加剧了市场对中国宏观经济形势进一步下滑的担忧。

这只是开始，"金融海啸"对全球政治、经济和社会的影响还远未结束。在一种极度不安的氛围和情绪中，中国企业经历着这场生死考验，也面临着一次生死抉择！

其实，原材料和社会成本全面涨势的大环境没有得到根本性改善，中国企业仍陷于生产制造成本不断上涨的泥潭中苦苦挣扎。如何度过"寒冬"、逐步走出困境？如何利用本次经营环境"恶化"的机会卧薪尝胆、苦练内功，实现从中国制造向中国"智"造转变？从粗放式管理向精细化管理跨越？如何在丧失低成本比较优势之后培养企业的成本竞争力从而实现可持续发展？这是每一位企业家目前最为关心的问题。

本文将针对以下三个问题进行探讨，希望借此对制造型企业寻找出路有所借鉴，也希望为相关政府职能部门制定产业扶持策略有所启示。

第一，"全球工厂"会不会从中国转移出去？如果失去了制造的优势，中国依靠什么发展？

第二，在全面涨势的环境当中，企业是跟随涨价还是进行降成本作战？

第三，每年降百分之几的成本才能维持竞争力？

全球制造中心三次大转移带来的启示

工厂"迁徙"现象

"全球工厂"会不会从中国转移出去？

2007 年以来，已经有一部分工厂从珠三角转移到以越南为代表的湄公河流域国家，当时越南的经济环境与 20 世纪 80 年代的珠三角非常相似，具备低人工等诸多比较优势。但搬迁过去之后，却碰到许多实际问题：

第一个问题是配套。在东莞办厂，配套产业链很成熟，所有的材料、零部件在珠三角都能采购到，能够快速形成生产能力。搬到越南后，无法在当地找到配套企业，还是只能从珠三角采购过去，除了运费、汇率、供应商沟通等因素会带来问题，最大的问题是海关，通关对交货周期造成严重影响。

第二个问题是人力资源。目前越南的人工大概相当于珠三角80年代的水平，但是越南熟练工人少，干部缺乏管理经验，越南人还比较生活化，员工都喜欢在工厂外面租房子，到点下班，下班之后上网、喝啤酒、谈恋爱，缺乏中国员工奋发图强、改变命运的强大动力，由此造成生产效率低下、交货延迟、质量失败成本高等一系列致命伤。不得以，很多工厂搬到越南后又回到珠三角招部分熟练工和干部，将他们派遣到越南"救火"。

第三个问题是劳资关系。每年年底越南都会频繁爆发罢工，员工为每年一次涨工资与资方讨价还价，地方政府处理罢工的态度比较消极，并不给工人施加压力，同时，要求企业多少满足一些员工的要求，最终，企业只有妥协，这些是搬迁过去的工厂没有料到的。

进入2008年以后，巨额的外贸逆差、越盾持续贬值、石油价格上涨引发的全球性通胀以及正在恶化的股灾等环境变化，诸多问题困扰着外资企业，他们认为，这些足以抵消越南地价便宜、人工低廉等优势。面对困难和不适应，有一些工厂坚持不住搬回了珠三角，有一些工厂关闭，还有一些工厂在勉强地支撑、观望，期待情况有所改观。

这就是工厂"迁徙"现象。可是"迁徙"之后能否适应、能否生存、能否可持续发展？如果没有足够的核心能力和竞争优势，也不可避免会碰到"迁徙"前碰到的经营难题。

全球制造中心三次大转移

如果中国失去了制造的优势，工厂都转移出去了，那国内还剩下什么？会不会恢复到以前。中国的出路在哪里？这些问题，国内一些有识之士多年以前已经在思考。

回答和解决上述问题还要向历史学习。

工厂"迁徙"现象古来有之，迄今为止全球制造中心已经经历了三次大转移：18世纪中叶起源于英国的工业革命，诞生了现代工业文明，欧洲成为全球第一个制造中心；美国建国后，全面吸收工业文明成果并不断创造，经历第一次世界大战和第二次世界大战，美国成为全球第二个制造中心；第二次世界大战之后，作为战败国的日本，在美国支持下卧薪尝胆、学习创新，将现代工业文明与日本民族智慧相结合，经过 30 年的苦心磨练，于 20 世纪 70 年代末期开始成为全球第三个制造中心；20 世纪 90 年代中期开始的全球经济一体化，中国抓住全球产业链重新分工的宝贵机会，利用比较优势，大力推进工业化进程，逐步融入全球经济体系，改革开放 30 多年特别是最近十年使国民经济获得了长足发展，成为全球第三个制造中心。

回首历史，1840 年的鸦片战争，西方列强用坚船利炮打开中国大门，20 世纪 70 年代中国开始出现民族工业，1900 年戊戌变法失败，1945 年抗日战争胜利，1949 年新中国成立到"文革"结束，中国一直没有真正迈进工业化的大门，更使中国与西方发达国家之间的差距拉大到百年以上。1978 年改革开放，中国才开始真正的、全面的工业化进程。

反观中国的近邻日本，1868 年的明治维新使日本走上了资本主义道路，通过全盘西化成为处于东方的西方国家，第二次世界大战以后，借助泰勒的科学管理理论，学习美国的工业工程和价值工程技术并创造性地发挥，建立了生产效率极限化的日本生产模式，出现了以丰田为代表的一批世界级企业，并对美国制造业造成严重冲击。

从 20 世纪 70 年代末开始，在受到日本制造的强烈冲击之后，美国政府和企业界用了十多年时间研究日本企业的经营模式和竞争力，发现经营效率极限化（浪费最小化）是其核心，但其经营模式和产品都存在严重的同质化问题，于是，美国企业一方面开始学习日本制造的优势；另一方面又通过创新超越日本。

美国超越日本的方法，第一是供应链管理模式：企业专注于自己擅长的增值环节，其余环节整合供应链资源来满足客户。第二是全球经济一体化，在全球范围内对产业链重新分工，压低制造业价值使其在发达国家无法立足从而把工厂从美国转移出去，借助网络技术和物流运输，实现由 A 国发订单、B 国生产、C 国交货，中国以比较优势抓住了这一宝贵机会，成为生产大国。这样一来，日本、欧洲的企业竞争不过中国企业的低成本，也被迫大面积转移到中国。第三是利用美国在全球政治经济的优势地位，牢牢把握住标准制定、技术开发、游戏规则制定的制高点，谋求企业竞争到国家竞争的霸主地位——其根本保证就是创新，包括技术创新、制度创新、标准创新和模式创新。

在全球经济一体化过程中，中国成为制造大国的机会，主要是依靠人工成本低、土地成本低、资源价格低（当时条件）、社会成本低（如税收优惠等）和环境成本低等比较优势获得的，这个机会对中国实在是太重要了——它使中国的工业化进程用 30 年走过了西方发达国家上百年的路程。

从欧洲到美国、到日本再到中国，全球制造中心经历的三次大转移，前两次转移是学习和超越的结果，第三次转移则是追利目的促成的企业大"迁徙"：哪里有市场、有机会、成本低、利润高，工厂就搬往哪里。

当中国的比较优势丧失之后，全球制造中心是否会从中国转移出去呢？是否会出现第四次大转移？

全球制造中心是否会从中国转移出去，这个问题需要由历史做出回答，我们必须考虑的问题是：如果失去了"全球工厂"的地位，中国如何保持优势？这个命题在微观经济领域被关注得较少，但在宏观经济领域却不得不考虑，从一个行业、从国家国民经济发展角度来看是一个至关重要的课题，而解决这个问题又有待于每一个微观企业的共同努力。

全球制造中心三次大转移带来的启示

如果失去了"全球工厂"的地位，中国如何保持优势？这个问题还是得从历史中寻找答案。我们看看，全球制造中心从欧洲、美国和日本转移出去之后，在当地还剩下什么？

研究发现，全球制造中心每一次大转移之后，给当地留下的都是一批世界级的品牌！欧洲有西门子、美国有通用电气、日本有丰田，不胜枚举，这些世界级的品牌最终都不是以制造为主体，而是以核心技术和品牌经营为突出特征，牢牢把握供应链的核心增值环节。

当国家拥有一批世界级品牌的时候，制造中心转移造成的问题就不大，虽然不再以生产为主，但仍然有利润、仍然能创造社会财富——一种源自技术、品牌的国际化经营带来的利润和财富。当然，制造中心转移出去以后，本地也不是一间工厂都没有。时至今日，飞机发动机等高科技高技术制造其实还留在欧洲、美国和日本等发达国家。

回首百年企业的发展里程，无不经历了三个阶段：OEM、ODM 和 OBM。

第一个阶段是 OEM（ Original Equipment Manufacture） 即原始产品制造商，是指企业以生产产品为主体的阶段。第二个阶段是 ODM（Original Design Manufacture） 即原始设计制造商，是指企业掌握了核心技术（包括产品核心技术和工艺核心技术）、以产品设计为主体的阶段。第三个阶段是 OBM（Original Brand Manufacture） 即原始品牌提供商，是指企业在全球市场上建立了品牌特别是世界级的品牌，获得了消费者的认可和忠诚。

显然，中国企业绝大部分还处在 OEM 阶段，而且我们的生产大部分还处于简单加工、粗放式管理、缺乏技术含量的阶段，附加价值低、经营浪费多。

全球制造中心三次大转移给中国企业的最大启示就是：利用 OEM 机会，把制造做精做强，培养核心技术（包括产品核心技术和工艺核心技术），跃升到 ODM 阶段，同时参与国际化竞争、培养自主品牌，最终发展到 ODM 阶段，从而实现在全球范围内的可持续发展。

政府和企业的共同责任

因此，要应对全球工厂转移的中长期策略，对企业和产业而言是要逐步培养一批有核心技术和国际化品牌的企业以实现本产业在全球市场中的主导地位；对政府而言，是通过政策引导和资源支持扶持一批这样的企业，这是国家可持续发展的关键支撑，既是政府的责任，也应该成为政府的策略。

这不是一件短期内能做到的事情，需要政府和企业界共同努力。

跟随涨价还是降成本作战

2008 年，生产资料价格经历了过山车式的涨跌，涨价时叫苦不迭，跌价时松一口气，这是不少企业的反应。长期的趋势却是：资源性产品价格的跌势是暂时的，涨势一定是长期的；而消费品价格的涨势是暂时的、跌势一定是长期的；同资源性价格一样，人工价格、社会责任成本和环境成本也是长期的涨势，这是一个长期的规律，也是人类社会进步的表现。在全面涨势环境中，选择跟随涨价还是降低成本？涨价策略能成功吗？是暂时的成功还是长久的成功？

企业利润来源——开源和节流

企业经营最直接的目标是利润。没有盈利，社会责任、可持续发展、慈善事业等都是空中楼阁。企业创造利润有两大关键业务流程：一是订单开发流程，即通过销售获得客户订单，根据订单采购原材料、组织生产、配送，做到准时制交货，最终实现资金回笼；二是产品开发流程，根据市场需求策划、设计、试制、审核并最终将新产品推向市场。

企业是通过现金流动来创造利润的：订单开发流程带来企业的资金流动，资金每流动一次就增值一次，流动得越快增值也越快，因此，企业的交货周期越短其盈利能力就越强；产品开发流程虽然是资金的单向投入，但它是订单执行流程的源泉，因为今天的主打产品明天会逐步退出市场，没有新产品投入未来很难拿到订单，订单执行流程就会成为无源之水，企业现金流就会枯竭，因此，从中长期发展的角度看，一定要持续重视产品开发。

利润 P = 销售额 - 总成本 = 销售数量 Q' × （销售价格 P' - 单位成本 C）（见图 4.20）。

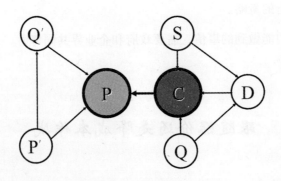

图 4.20　企业运营 KPI 关联

开源和节流是企业创造利润的两大主要途径：通过增加销量、提高价格实现开源，实施的主体职能部门是市场、销售和技术开发；通过降低单位成本实现节流，实施主体职能部门是订单执行流程涉及的计划、采购、生产、工艺、设备、质量和物流等部门，此外，技术开发同时也是节流的重要职能部门。

生产的本质是执行订单，安全 S、质量 Q、效率 D 和成本 C 是生产系统四大关键业绩指标，其中，成本是核心目标，因为质量决定成本和效率、安全决定成本和效率，效率决定成本，成本决定利润。因此，生产系统最重要的任务是以最低的成本、最短的交货周期实现准时制交货。

跟随涨价还是降成本作战

产品价格是由其稀缺性决定的。资源的稀缺性决定了其价格长期走高的趋势；在市场经济环境中，供求关系决定了市场价格，长期来看，消费类产品的价格是相对降低的趋势——这也是人类进步的重要表现。

企业提高产品价格的关键是提供市场稀缺的产品和服务，主要途径有三个：推出符合市场需求的新产品；开发同行尚未进入的新市场；建立不违背《反垄断法》的适度垄断地位。

因此，总体来说，在非垄断性竞争环境中，价格是由市场决定的，属于企业不可控因素。对既有产品和服务，涨价不可行；从企业经营层面看，短期内涨价策略也不可行。长期角度的涨价策略即加强技术开发，提高产品技术含量和附加价值，是涨价策略的本质。

产品成本是由产品设计和运营效率决定的，前者决定标准成本，后者决定生产成本。企业降低产品成本的主要途径有四个：技术创新，突破性地降低产品成本；优化设计，渐进性地降低产品成本；管理创新，运营效率极限化；管理改善，使生产浪费最小化。

虽然资源性生产资料和人工等成本总体是上升趋势，但企业可以通过技术和管理改善进行消化，甚至通过技术和管理创新突破性地降低。因此，产品成本是企业的可控因素，如此看来，降成本是企业经营永恒的主题。企业不但要降低成本，而且要培养和提高自身的成本控制能力，长期来说，需要建立总成本最低的竞争优势。

美国企业管理界的战略研究发现，企业要实现可持续发展必须培养三大竞争优势：差异化、低成本和快速应变。在上述三大竞争优势中，低成本是基础优势，是差异化和快速应变的保障。逐步丧失具备劳动力价格低、社会责任成本低等比较优势的中国企业，面临着从比较优势向低成本竞争力的迫切转型，成本控制成为企业内部管理的核心工作之一。

每年降低百分之几的成本才能维持竞争力

美国专家对生产运营管理的长期统计研究表明：制造型企业每年必须降低15%的成本才能维持竞争力。

对此，很多国内人士提出质疑：原材料在涨价、人工成本在涨价、社会责任和环境成本都在提高，每年降低15%的成本，这可能吗？

每年降低15%成本的必要性

暂时不说可不可能，先看看有没有必要。如果要问：最近十年，有没有哪个行业、哪种产品一年的降价幅度超过15%？

相信大家都会点头：这样的行业大有所在，其主要因素有"价格战"的恶性竞争、供给严重过剩、产品升级换代、产品同质化、国际化竞争、人民币升值……有的行业或有的产品甚至出现过一年降价40%——这种价格战争在中国已经见怪不怪了！

再问：最近五年，有哪些因素造成企业成本增加而挤压了利润空间？其幅度有无超过15%？相信大家也会有共识：资源价格上涨、原材料上涨、人工成本增加、环境成本增加、社会责任成本增加、大量企业倒闭造成供应紧张、大量企业迁移带来物流等配套成本升高……成本上涨的幅度接近甚至超过15%，大大挤压了企业的利润空间甚至直接造成企业亏损。

既然产品价格特别是消费品价格长期处于下降的趋势，而各种成本又处于上升趋势，幅度又是如此剧烈，为了维持企业正常利润水平，每年降低15%的成本是非常必要的，也是非常重要的。

企业可以因为各种原因而不以此为目标，但是，长此以往，将失去在市场中的竞争力！

每年降低15%成本的可行性——运用价值工程降低成本

那每年降低15%的成本是否可行呢？

答案也是肯定的，这已经为众多企业的管理实践所证明。确保企业持续降低成本的重要武器就是价值工程。

1940年，美国通用电气公司（GE）需要大量沥青材料，市场上沥青材料缺货，难以买到，这引发了专业采购人员的思考：为什么要用沥青？要起到相同作用，还有其他又好又便宜的材料。原来，GE公司火灾预防规定：难燃性材料应使用沥青。后来，经采购主管迈尔斯基于事实的再三说服，设计工程师最后同意全面采用非沥青材料——这既实现了相同的防火功能，又解决了材料供应问题。

基于这一事件，经过长期实践和总结，迈尔斯于1947年开发出价值分析技术，即将产品的所有功能与成本相联系，在真正需要和不必要的功能之间做出明确的区分，以消除不必要的开支。

价值分析技术经过众多专家和企业的实践，不断完善和系统化，之后演变成价值工程技术。价值工程技术是基于顾客需求和技术发展、通过与竞争对手的比较分析和科学决策、跨部门全过程参与、突破性地提高企业价值能力的技术经济分析方法，现在已经发展成为突破性降低成本的核心管理技术，在美国、日本及世界各国得到广泛运用，取得了巨大的经济效益，与工业工程、统计技术并称制造产业三大管理技术。

价值工程的目的是以最低的产品生产周期成本（见图4.21）、切实实现所需要的功能，为此有组织地倾注于产品和服务功能研究，其基本原则是：

（1）以目的为中心的思考。凡事从目的出发，"为什么要使用呢？"

（2）关注产品生命周期成本。产品生命周期（Product Life Cycle，PLC）是指产品从研究开发、设计、制造、销售、使用直到报废为止的产品自然寿命周期。产品在其整个寿命周期内发生的全部成本，包括研究开发成本、采购成本、制造成本、流通成本、使用成本、维护成本和废弃成本，前四种合称顾客取得成本，后三种合称顾客持有成本。

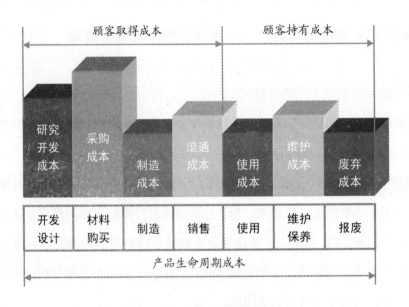

图4.21　产品生命周期成本

产品生命周期成本是一种决策分析成本，常用于投资决策分析之中，其目的在于把该产品或项目中整个寿命周期的预计总成本和预计总收入（或总效益）相比较，以衡量其经济效益的高低，从而做出最优决策。

理解了产品生命周期成本，我们就容易建立总成本的概念，即任何事情都须以总成本最低、产出投入比最高作为决策标准，而不是只考虑一种或两种成本。

（1）收集和活用专业知识，根据专家建议进行改善。

（2）创造替代方案。实现一个目的有多种手段。

（3）克服障碍。改善一定会碰到障碍，克服障碍需要忍耐力和说服力。

降低顾客取得成本即通过降低生产成本使利润提高、逐步降低售价以减轻顾客负担；而降低顾客持有成本即开发出更加环保节能的产品，这不但可以减轻客户负担，还可以提高产品附加价值，客户愿意接受适当提高的采购价格——这是对企业的回报。

开源是关键，节流是前提和支撑！国内专家经过长期观察发现，相对而言，国际化企业很少参与国内企业的价格战争，不是他们没有本钱和能力打价格战，而是从品牌经营的角度不屑于打价格战，这并不意味着他们没有降成本——实际上，系统的、预见性的降成本活动他们一刻也不曾松懈，松下电器长期推进的 V301（一年降成本 30%）、V502（两年降成本 50%）等活动就是活生生的例证。

每年降低 15% 的成本不但是必要的，而且是可行的！

技术开发能力是关键

管理是渐进性的、技术是突破性的，开源和节流都需要技术开发能力作为关键保证。

与中国企业形成鲜明对比的是：不论是否受到市场的降价压力，世界 500 强企业无不把主动性和前瞻性的降成本工作作为企业日常运作的重中之重——他们很清楚，降价之前的降成本成果带来的是直接利润，降价之后的降成本成果则直接转化为企业的市场竞争力！

我们高兴地看到，为数众多的中国企业在经历国际化市场竞争和合作的风雨跌宕之后，开始走出价格战的习惯性经营思维，重视从源头和全流程进行价值创造和降低成本的工作，并着手培养有价值的产品、市场和目标客户。

结 语

在市场经济环境中，价格是由供求关系决定的，企图通过提高价格的方法转嫁成本压力是不可行的，只有立足长远发展，充分利用技术措施和管理手段全面降低企业生产成本才是唯一的出路！

利用宝贵的全球制造机会实现从 OEM 到 ODM 和 OBM 的跃升，企业才能在全面震荡的市场环境中保持主动。扶持、培养一批拥有核心技术开发能力和自主全球品牌的骨干企业，是政府实现经济可持续发展的关键支撑。

长期而言，在全面涨势环境中，持续开发高技术含量的新产品是开源的保证，持续进行降成本是节流的根本，突破性开源和节流的关键就是核心技术能力。因此，企业"过冬"的短期策略是"冬眠"——回收现金、减量经营、优化组合，中长期策略是"冬练"——培养核心竞争力和全球品牌。

由此看来，动荡环境中的工厂出路，不但要"冬眠"，同时要"冬练"。

眼睛盯着市场，功夫下在现场

——将成本控制的神经末梢伸向班组

祖　林　零牌顾问机构首席顾问

"主管，沃尔玛 BH206 订单被品质部卡住了，请您马上协调一下！"班长王春江气喘吁吁地跑到办公室求援。

主管李五一顿觉不妙，赶紧往生产线走去，远远地，李五一就看见台位长拿着产品在空中比划着，似乎在与品管部班长争辩着什么。

"怎么回事？"李主管问。

"拉 QC 把这批产品卡住了，不让过！"台位长显得异常焦急，李五一举手一挥，赶紧止住台位长，示意品管班长先说。

"是这样的，李主管，这批沃尔玛的订单在开始生产时我们就发现锅内胆有一条拉痕，当时并不深，于是拉 QC 就提醒员工要进行检查和调整，根据我们的经验，应该是模具有毛刺儿，及时修整一下应该就可以消除，可是一小时之后拉 QC 第二次巡检时却发现问题越来越严重，这一批全都有拉痕，而且很严重、根本不能出货……"

"我们修了模呀！再说，拉痕并不明显，应该没问题的！你知不知道为了赶这批订单我们起早摸黑、费了多少神呀！"台位长显得很委屈。

"不管你有没有修模，反正冲出来的内胆拉痕超过标准，呶，这就是样本！"拉 QC 递过一个标有"限度样本"的内胆。

"上一次就是因为这个问题，在处理之后拉痕还是很深，当时我们也抱着试一试的心理放过去，结果造成客户整批退货，公司还被罚了款呢！"品管班长补充道。

看看样本，再看看生产出来的工件，李五一顿时明白了——老毛病重犯！一切都是简单化赶货惹的祸。他强压住心中的不满，对王春江说：

"停机！马上修模，直到拉痕消除、品管确认合格才能开始再生产！"

"那已经做出来的怎么办？能不能通融一下？"

"不行！该返工的返工，不能返工的报废！"李五一想起来了，严重的拉痕还可能造成接触不良、产品失效。

"这批货这么急怎么办？"台位长还在着急。

"所以才要保证质量、一步做到位呀！抓紧安排质量问题对应，上午十点我们开个碰头会，拿出一个进度挽回计划。"

从上述案例我们得到以下启示：

1. 准时制交货是班组生产的直接目标

按时保质保量地完成生产任务是班组生产的直接目标，日本企业称为准时制（Just in Time）交货，即"适品、适时、适量"，不仅是生产部门，计划、采购、设备、品质、仓储等各部门都是围绕这一目标从各自职能管理的角度提供专业支持，所以，各部门之间是目标一致、分工配合的关系。

达不到质量标准的产品不是客户所需要的产品。换个角度看问题，如果我们能把品管部门当作生产过程中的"资源"来看待，重视品管部门的专业意见，把他们的工作当作是对我们最好的帮助和支持，甚至主动争取他们的监督，就能避免生产部门盲目赶货、以偏概全、顾此失彼，真正履行好准时制交货的职责。

2. 订单执行要系统实现 KPI 目标

同样是准时制交货，修修补补、跌跌爬爬有时也勉强可以做到，但是，以什么样的质量水平、以什么样的效率指标、以什么样的成本和安全管理状态实现准时制交货，则是站在企业经营的高度必须同时关注的。

因此，全面系统地实现 Q（质量）、C（成本）、D（交货期）、S（安全和社会责任）等关键业绩指标（KPI）的目标，是通过订单执行创造企业效益的关键。

3. 成本控制是班组管理的核心目标

盲目赶货，忽视质量和安全，表面上是加快了进度，实质上并不能及时出货，还将造成大量的失败成本——不仅有内部失败成本，还有因质量问题或交货不及时造成的外部失败。

在 QCDS 四大类 KPI 目标当中，提高质量水平使生产成本降低，降低质量水平则使生产成本提高；准时交货避免缺货损失，不能准时交货则将造成缺货成本；提高安全管理水平使成本降低，忽视安全管理则将造成安全失败成本，使总成本（包括预防成本、鉴定成本和失败成本）大幅度提高。

企业存在的直接目的就是创造利润，开源与节流并举，才能实现利润倍增。因此，对于以订单执行为主要工作的班组管理和车间管理，成本控制是核心，只有系统地提高 QCDS 等方面的管理水平，才能系统提高企业的价值创造能力。

正所谓"眼睛盯着市场，功夫下在现场"。班组是订单执行的细胞，现场是订单执行的发生地，以成本控制为核心的企业运作，必然要求现代企业干部关注市场、关注客户、关注竞争对手，面向市场竞争改善内部运作，在内部管理和现场管理上下足功夫，把成本控制的神经末梢伸到班组、伸到现场，在成本发生的源头控制成本，把成本控制覆盖到企业全流程、全职能，使成本控制能力成为各级干部的重要职业能力。

差异化、低成本和快速应变是企业应该构建的三大竞争优势，其中，低成本优势是企业生存和发展的基础，缺乏了成本竞争力，差异化和快速应变优势就失去了支撑和意义。

百年企业，始于班组，重在现场。

"戴帽"和"摘帽"中的成本管理

祖 林 零牌顾问机构首席顾问

"帽子"摘了!

"终于摘帽了!"看着刘苏武工段长满脸喜悦,油漆班班长王进顿时被感染却又充满好奇:领导今天为什么事儿这么高兴?

"你看,上个月我们的单箱油漆成本为98.25美元,连续三个月下降,在刚刚结束的集团成本季度检讨会上,我们的经验还被集团向兄弟公司推广呢!"

顺着刘工段长的手指,王进看到"用通集团 A 系列产品成本管理看板"上密密麻麻地写满数字(见表4.3),其中,多个地方已经被涂上了红色和绿色。王进虽然看得似懂非懂甚至有点发晕,但事情他还是明白了:戴在宏大用通公司油漆工段头上近半年的"超标超耗""帽子"现在终于被摘掉了!

表4.3　用通集团 A 系列产品成本管理看板

单位：USD/TEU

类别	项目		南京用通	宏大用通		……
材料成本	钢材		……	524.08	39.26%	
	型钢		……	250.19	18.74%	
	木地板		……	130.68	9.79%	
	油漆		……	98.25	7.36%	
	商标		……	21.82	1.63%	
	小件		……	49.24	3.69%	
	辅料		……	17.49	1.31%	
	小计		……	1091.90	81.79%	
营运费用	人工费用			146.37	10.97%	
	制造费用	动力费		44.09	3.30%	
		维修费		7.05	0.53%	
		低值易耗品		0.07	0.01%	
		检验费		8.04	0.60%	
		小计		52.29	3.30%	
	管理费用			22.16	1.66%	
	财务费用			11.82	0.89%	
	折旧/租金/摊销费用			10.47	0.78%	
成本合计			……	1334.90	100%	

注：表格中"……"部分表示数字省略。

　　事情还得从头说起。宏大用通公司是用通集团下属企业，主要生产标准集装箱产品，低成本是用通集团的经营战略。为此，集团每年提出各系列产品的目标成本、各下属公司每月统计各系列产品的单位成本及其构成，集团据此编制《成本管理看板》，通过细化管理、横向比较，各下属公司在降成本方面相互学习、取长补短、良性竞争，使一家公司的经验以最快的速度在集团内全面推广。

　　七个月以前，宏大用通的油漆成本开始上升，刚开始还没引起重视，接连两个月上升后被集团点名要求整改，经过调查，与油漆工艺相关的钢砂消耗、动力消耗（电力和高压空气）也持续升高、大幅度超标！

　　于是，宏大用通立即召开专题研讨会，会上，油漆工段被总经理批评为"超标超耗大户"，责成油漆工段组织工艺、设备、品质等职能部门进行专题降成本改善，"帽子"就这样戴上了。

"帽子"是这样摘掉的

生产部顿然被惊醒，立即组成了以经理为组长的跨部门小组，从完善管理和技术改进两方面应对。

节奏快、产量高是集装箱生产的最大特点。整箱喷砂工位上更换一个枪嘴需要几分钟，可能会对完成既定产量目标造成影响，这一点往往成为不及时更换枪嘴的"挡箭牌"，其实，怕麻烦、图省事才是真正的原因，畏难情绪又使部分管理人员不能科学合理地解决产量与成本控制的关系，油漆工段的成本管理因此陷入被动。

针对这种情况，油漆工段组织相关人员参加油漆工艺知识培训，明确告诉大家喷砂枪嘴内径每增加1毫米不但会使动力费用翻一番，而且喷砂质量对油漆喷涂的均匀性产生极大影响，直接影响油漆质量和油漆消耗，让大家从流体动力学的原理认识造成这种浪费的原因，从思想上解决"无所谓"的错误认识；同时与操作人员一道，在快节奏的生产环境下，摸索符合实际情况的快速更换方法与合理的资源配置方法，解决大家的畏难情绪，最大限度地降低更换枪嘴对效率的影响；将摸索到的方法以文字形式固化下来，制定完善的作业指导书作为员工的培训教材，作为一线操作的指导性文件。

油漆工段还根据员工的建议，完善班组内部考评机制，严格要求操作人员按作业指导书操作，明确规定枪嘴大于15毫米必须更换，否则将追究相关人员责任；由设备动力人员、区域维修工、生产班组人员共同组成考核评比小组，不间断、不定期地对执行情况进行跟进，发现问题及时纠正。

在技术改进方面，专题小组主要对平板打砂自动喷漆设备、枪嘴型号进行改进，通过对设备的局部改造降低油漆消耗，减少油漆问题的返修量。

宏大用通有 3 台打砂喷漆设备，其往返幅度为 1600～1850 毫米，返复频率分别为每分钟 78 次、78 次和 100 次；同时油漆喷嘴型号偏大，为 163～823，缺少钢板定中心装置。

由于上述原因，宏大用通的喷漆工序中富锌底漆消耗过大，厚度不均匀，覆盖效果差，还存在着漏喷现象，现场一半以上待修箱是由油漆原因造成的，客户对此意见颇大。喷漆设备的运行状况严重影响质量水平、增加生产成本。

为此，生产部向公司提交了书面分析报告，争取设备改造立项，投入 3.51 万元新增一个钢板定中心装置，改造后往返幅度分别减少 37%、19% 和 7%，返复频率分别提高到每分钟 114 次、114 次和 110 次，油漆喷嘴口径缩小了 46%。

改造完成、运行稳定后，宏大用通的单箱富锌漆消耗下降 1.1 千克，单箱节约成本 5.33 美元。喷漆质量明显提高，覆盖效果好，匀度提高，由油漆造成的待修箱数量大幅度减少，客户投诉明显下降。

经过持续的严格管理，油漆工段的执行力得到加强，人员操作技术大有提高，在成本费用逐步下降并相对稳定的前提下，产量、质量稳步提升，考核达标了，QC 和箱东投诉明显少了，落后"帽子"终于摘掉了！

"帽子"摘掉之后

这当中包含了多少艰苦和辛酸呀！几个月以来，王进和油漆工段其他班长一样，大气不敢喘，在工段长带领下一心扑在生产和降成本改进上，几经努力，总算是见成效了。

"王进，我想组织一次降成本推进会，在鼓励大家的同时希望大家继续强化成本意识、把好的对策坚持下去！"看得出，刘苏武工段长不敢松懈。

"我还有一个建议，我们的自动喷漆机故障率很高，严重影响生产线正常运行，上个月单箱维修成本高达 1.08 美元，下一步是不是对这方面进行改进？"

经历这次迂回式的进步，王进似乎对工作有了更进一步的认识。他亲身感受过公司因品质问题大量退货的情景，也经历过没有订单、生产无以为继的艰难岁月，现在公司蒸蒸日上、蓬勃发展，这当中的奥秘看来就隐含在工作的一点一滴当中啊！

用通集团经历了集装箱行业风云变幻的 20 年，亲身参与了世界集装箱产业向中国转移的全部过程，正是这种无处不在、细致入微的成本管理，积跬步成千里、积江河成大海，成就了用通集团的低成本竞争优势，20 年，用通集团依靠不断强化低成本领先优势，快速响应市场和客户个性化需求，通过兼并收购以及新建扩建等多种手段实现了企业规模的扩张，从当初几十人的"小麻雀"成长为全球市场占有率高达60%的"大恐龙"。

不论是"麻雀"（小公司）还是"恐龙"（大公司），都是通过销售产品、提供服务令客户满意、实现资金的回笼和增值。

从上述案例可以看出，产品单位成本是成本管理的重要指标，进行单位成本管理才能直接进行市场横向对比，判动态把握本企业的价格竞争力，从而找到降成本空间，为降成本活动明确定量的方向和目标。

企业为使自己的产品有竞争力，需要制定一个比竞争对手更有优势、对客户和本企业又最有利的销售价格，同时要确保合理的利润。为此，就要在成本控制上下功夫，即通过市场竞争分析设定合理的、有竞争优势的成本控制目标——目标成本，再围绕这一目标挖掘降成本空间，确定具体的降成本项目，进而推进降成本活动，最终实现成本目标，创造合理利润。

成本管理循环即根据这一原理，通过制定标准成本和目标成本，将实际成本（单位成本）与之相比较，找出差距，分析原因，推动降成本改善（见图 4.22）。

1. 标准成本

标准成本是企业通过调查、分析与技术测定而制定的用来评价实际成本、衡量工作效率的一种预计成本，是指在正常条件下，企业通过努力，提高效率、减少浪费后应该达到的成本。

标准成本包括生产成本中的材料、人工、费用三项。一般来说，产品设计出来以后其标准物料消耗通过物料清单（BOM）的形式就基本确定了，材料成本随之确定；同时，

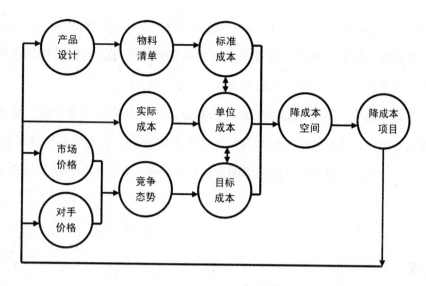

图 4.22　目标成本管理循环

直接人工成本标准根据标准工时和标准工资率确定；制造费用分按生产能力和生产数量进行分摊。

2. 实际成本

实际成本是在一定时期内已经发生的成本，一般根据企业实际发生的各项成本、费用统计而得到，是企业成本水平和成本能力的直接反映，一般有总成本、单项成本和单位成本三种管理方式。

实际成本是不可挽回的历史成本，分析和研究实际成本对当期没有意义，但对下期的成本控制有现实的指导意义。

3. 目标成本

目标成本是指企业在一定时期内为保证目标利润的实现而设定的一种预计成本，作为各职能部门本工作阶段的成本目标，即企业为获得计划的市场份额所需的销售价格与期望的单位利润的差额，也称"预计成本"，即：

目标成本 = 有竞争力的价格 – 目标利润

"你衡量什么就得到什么"，目标成本有很强的指针作用，用目标成本寻找差距、判断轻重缓急、评价改善效果、衡量工作业绩，将成本管理作为部门目标管理的重要组成部分，能使企业资源最有效地服务于创造利润这一直接目的。

在企业运营过程中，不断地将实际成本与标准成本、目标成本作比较，采取控制措施，推动降成本改善，将实际成本控制在目标成本以内并不断提出更高的成本管理目标，持续进行改善，才能逐步提高企业的成本能力，构建低成本竞争优势，从"小麻雀"成长为"大恐龙"。

后 记

发现，度过每一天

清早醒来，天气或晴或阴，躺在被窝里听着窗外鸟儿的叽叽喳喳。这种人与自然的和谐相处，无论在哪里，都会让人心情愉悦。日子天天都是这么过，如果没有人或者事情来激发，或者一辈子都在重复着昨天的故事，在重复的过程中度过短暂的一生。

不触动，无思考

从国企到民企、从外企到合资，从一个地方到另一个地方，开始有了各种各样的变化：南方向往北方的大漠飘雪，北方赞叹南方的四季花开，迈开脚步后，视野里有了各种各样的冲击。国内的走动让人觉醒，带着"读万卷书，行万里路"的求知欲望，迈出国门，更让人大开眼界，日本的精细、德国的严谨、法国的浪漫、美国的洒脱……思考，开始思考！

知行世界，《在德国土地上的中国思考》、《日本的匠人文化和中国的成功陷阱》、《求证日本小微企业的品牌经营》……一大批创作在世界各地开花结果。

回想起第一次走进日本，恰巧是秋天，五颜六色的树叶张扬地秀出自己美丽的色彩，将低调的日本房屋包裹起来。晚上在乡村散步时，天地氤氲，烟气中夹杂着独有的硫酸味，踩着高低起伏的路面和台阶，在柔和的夜灯下享受着属于日本的另一种阴暗美，在安静的大街上与刚下夜班的日本人擦肩而过。在这样的环境中与同事们一起畅谈我们的未来、自己的人生，让漫无边际的意识到处流淌。恰巧刚去过欧姆龙太阳株式会社，眼前还摇晃着那些由于身体原因连走路都不利索的工人，居然还可以生产出精密的产品？在这样的小道上，在这样的夜色里，与同事们一起了解日本企业所承担的社会责任，聊一聊制造中的门道，《残障人士托起生活的太阳》是在这里碰撞出来的灵感。

我们所在的这个行业，决定了常在企业之间行走，经常看到各家的亮点，虽然从战略上来说，每家企业都有自己的方向，落到团队建设、班组管理方面，各有各的特色。生益电子，一家港资企业，把香港的"选美"活动引进班组，在内部推行"质量先生"、"质量小姐"班组活动，使企业人才辈出和建立浓厚的质量文化，是国内公认的零缺陷管理实践的标杆企业，其"质量选美"活动的策划立意新颖、效果独特，堪称班组活动设计的典范，《从零缺陷员工评比到"质量选美"》道出其中的奥妙。每年我们都会带很多学员参访广汽本田的工厂，还没走进厂区，远远就能看到两个四四方方的烟囱，不知道大伙看到后感想如何？我的同事专门写了一篇《广汽本田"节能减排"推进体系》，与大家一起探讨烟囱背后的故事。

这样的例子数不胜数，一个物件、一个看板、一张照片、一阵味道……全能带来触动，引发一连串的思考。

无碰撞，不成文

很多人问我："为什么零牌顾问机构个个能文能武，上台是优秀讲师，下台是优秀顾问，还能写出好文章？"我只能开玩笑回答："没办法，被逼的。"2010年前的我们，可以骄傲地说是被自己的梦想拉着走，在祖林老师的带动下，偶尔在杂志上发发稿，领一些稿酬。之后便成了工作中的一部分，《现代班组》和《中外管理》杂志社开始向我们约稿，《现代班组》还为我们开了专栏，每个月都要向杂志社交稿，每位同事都变成计划内的撰稿人，创作的灵感怎么来呢？

全靠工作方式。正襟危坐一板一眼的会议绝对与创作无关。"李白醉酒诗百篇"，我们当然不会"醉酒"，小酌一杯还是可以接受的，除此以外，还有各种各样的形式来辅助。

白板上，写写画画，书写的过程就是整理思路和梳理框架结构，上面的文字就是文章的内容，写出来让大家看，肯定能查缺补漏，结构完整就是在这个过程中完成的。

席地而坐，躺着也行，不拘束，很开放，把事情和经历说出来，大伙各抒己见，在激情澎湃的讨论中，三个臭皮匠也算是大家智慧，不也把内容给完善了？

Coffee Time，磨咖啡豆的过程，相当于古代文人的研磨，手工制作最让人心情舒畅，才思枯竭时起身煮一壶自己磨的咖啡，用咖啡飘香吸引小伙伴，聊上两句，呷一小口，品味不同的味道，也能有不同的思路。

碰撞的形式有千千万万，最终的结果还是借力。每个人都十分热爱生活，眼睛中看到的世界也不同，鸟儿在叽叽喳喳中交流，我们更应该坦诚相待，汲取所有人对生活的热爱。

留心处处是美景，思考事事皆文章，永葆青春活力，任凭时间老去。

木元哲老师（松下电器前中国区总裁）退休后与我们一起创造，说得最多的是"为什么？"、"好奇怪！"、"真有意思！"有好奇心才能发现工作生活中的微小现象，用"素直的心"来领悟背后隐含的内容，给大家带来更多作品。

常思常新。发现，度过每一天。

赵雅君
2015 年 10 月

企业顶层设计大地图

企业生命体系统全貌　© ZERO Consulting　零牌顾问机构

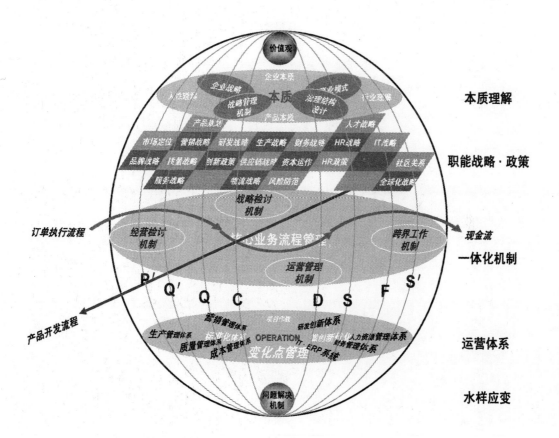

本质理解

职能战略·政策

一体化机制

运营体系

水样应变